KB272066

AI

×

리더십의 본질

유경철 지음

천그루숲

AI 시대의 리더에게, 지금 이 순간 가장 필요한 질문

당신은 지금 어디로 달리고 있습니까?

저는 오랜 시간 대한민국의 수많은 기업 현장에서 리더들을 만나왔습니다. 삼성, 현대, LG, SK 같은 대기업 임원부터 스타트업에서 이제 막 팀장 배지를 단 30대 리더까지, 산업도 직급도 달랐지만 한 가지 공통된 장면이 있었습니다. 그것은 바로 '맹렬히 달리고 있으나, 어디로 가는지 모르는 리더의 모습'이었습니다.

AI 대전환이라는 거대한 파도가 밀려오자, 조직의 리더들은 누가 먼저랄 것도 없이 쳇바퀴 위에 올라탔습니다. 더 빠른 도구, 더 높은 생산성 수치, 더 많은 AI 활용 등 리더들은 속도에만 매몰되어 정작 중요한 질문을 잊어가고 있었습니다.

"우리는 지금 무엇을 위해 이토록 빠르게 달리고 있는가?"

이 책은 바로 이 질문에서 시작됩니다.

AI가 가져다준 것, 그리고 일깨워 준 것

AI는 분명 우리에게 많은 것을 가져다주었습니다. 수십 페이지의 보고서를 단 몇 분 만에 요약하고, 방대한 데이터 속에서 패턴을 찾아내며, 밤을 새워야 했던 기획안 초안을 불과 10분 만에 완성해 줍니다. 그것은 부정할 수 없는 축복입니다.

그러나 동시에 AI는 리더들에게 불편한 진실 하나를 들이밀었습니다. 바로 '분석하고 계산하고 정보를 처리하는 것'에 관한 한, AI가 인간보다 훨씬 탁월하다는 사실입니다.

"그렇다면 이제 리더는 무엇을 위해 존재해야 할까요?"

저는 이 질문 앞에서 멈춰 선 수많은 리더들을 보았습니다. 당황하고, 위축되고, 심지어는 'AI가 다 해주겠지'라는 착각 속에서 리더십을 내려놓기도 했습니다. 그러나 그 반대편에서 전혀 다른 선택을 하는 리더들도 보았습니다. 그들은 AI가 대신할 수 없는 영역, 즉 사람의 마음을 읽고, 의미를 부여하며, 관계를 이어가는 힘에 오히려 더 깊이 투자하고 있었습니다. 이 책은 바로 그 두 번째 리더들의 이야기입니다.

이 책을 쓰게 된 이유

저는 오랜 시간 조직 내 리더십 교육 현장에서 한 가지 사실을 거듭 확인했습니다. 리더십의 기술과 이론은 책으로 배울 수 있지만, 팀원의 마음이 움직이는 순간은 늘 예상치 못한 인간적인 접점에서 발생한다는 겁니다. 팀장이 지나가며 건넨 짧은 한마디, 야근하는 팀원 옆에 조용히 건네는 커피 한 잔, 회의실에서 팀원의 말을 끝까지 들어주는 침묵 …. 이런 것들은 어떤 AI도 대신해 줄 수 없습니다.

역설적으로 AI 시대가 깊어질수록, 이러한 인간적 가치는 기하급수적으로 높아지고 있습니다. 이 책을 쓰게 된 이유도 바로 그 확신 때문입니다. 기술이 빠르게 변할수록, 리더십의 본질은 더욱 선명하게 드러납니다. 그리고 그 본질은 지금 이 순간에도 여전히 '사람'에게 있습니다.

이 책을 읽는 방법

이 책은 8개의 파트로 구성되어 있습니다. 각 파트는 독립적으로도 읽을 수 있지만, 처음부터 끝까지 따라오시면 하나의 완결된 리더십 여정을 경험하게 될 것입니다.

Part 1에서는 AI 시대에 리더가 가장 먼저 해야 할 일, 즉 비전을 세우고 의미를 부여하는 힘을 다룹니다. Part 2에서는 리더가 기술에 압도되지 않기 위한 디지털 리터러시의 본질을 짚습니다. Part 3에서는 챗봇이 결코 흉내 낼 수 없는 인간 중심의 소통 기술을, Part 4에서는 리더십의 뿌리인 자기인식과 메타인지를 탐구합니다. Part 5에서는 AI 시대에 더욱 중요해진 감성지능의 본질과 실천법을, Part 6에서는 직급이 아닌 영향력으로 조직을 움직이는 방법을 담았습니다. Part 7에서는 빠르게 변하는 환경에서 살아남기 위한 학습민첩성을, Part 8에서는 이 모든 리더십이 실제 성과로 연결되는 성과관리의 새로운 패러다임을 제시합니다.

각 파트마다 내일 아침 회의에서 바로 실천할 수 있는 구체적인 행동지침과 실제 현장 사례를 담았습니다. 이론을 위한 책이 아니라, 당신의 월요일 아침을 바꾸기 위한 책이기 때문입니다.

이 책이 여러분께 건네는 약속

이 책을 다 읽고 나서도 AI가 당신의 자리를 위협할 수 있다는 불안은 완전히 사라지지 않을 겁니다. 기술은 계속 진화하고, 세상은 멈추지 않으니까요. 그러나 한 가지는 분명해질 겁니다. 당신이 리더로서 할 수 있는 일, 해야 하는 일, 그리고 오직 당신만이 할 수 있는 일이 무엇인지 말입니다. 그 선명한 답이 이 책의 마지막 페이지에서 당신을 기다리고 있습니다.

AI는 답을 줍니다. 그러나 리더는 존재 이유를 줍니다. 그 차이가 지금 당신에게 필요한 모든 것입니다.

대한민국의 모든 리더들을 응원합니다

소통과 공감 유경철

Part 1

혼란의 시대,
흔들리지 않는 방향타를 제시하라

비전 제시와 의미부여

01

AI 변화의 폭풍 속,
리더가 가장 먼저 던져야 할 질문

인류 역사상 이토록 빠른 기술의 변곡점은 없었다. 증기기관이 말馬을 대신하고 인터넷이 정보의 흐름을 바꿨던 그 어떤 시대보다, AI가 인간의 지능을 보완하는 지금의 변화는 훨씬 파괴적이고 위협적이다.

수많은 리더가 이 거대한 파도 앞에서 살아남기 위해 발버둥 치고 있다. 하지만 기억해야 한다. 거친 파도 속에서 노를 빨리 젓는 것보다 중요한 것은, 지금 우리 배가 바위섬을 향하고 있는지 아니면 안전한 항구를 향하고 있는지 확인하는 리더의 눈이다.

"당신은 지금, 어디로 질주하고 있는가?"

삼성전자, 현대자동차와 같은 대한민국 대표 기업 현장에서 리더들을 만날 때마다 공통적으로 목격하는 장면이 있다. 바로 압도적인 속도감에 대한 강박이다. AI가 기획안 초안을 작성하고 데이터를 분석하는 시대에 리더들은 뒤처지지 않기 위해 안간힘을 쓴다. "어떤 AI 도구를 도입해야 하는가?" "어떻게 생산성을 20% 더 끌어올릴 것인가?" 리더들의 고민은 온통 기술적 효율과 단기적 수치에 쏠려 있다.

필자는 그들에게 냉정하게 묻는다. "그래서, 그 빠른 속도로 어디를 향해 가고 있습니까?" 이 질문에 자신 있게 답하는 리더는 드물다. 대부분은 기술의 파도에 휩쓸려 중심을 잃은 채, 남들이 하니까 혹은 회사에서 시키니까 AI를 도입하고 있을 뿐이다.

버지니아대학교 다든 경영대학원 라울 반다리 교수는 이런 리더들을 가리켜 '카페인에 취한 다람쥐'라고 부른다. 쳇바퀴를 누구보다 빨리 돌리지만, 정작 자신이 어디로 가고 있는지, 왜 뛰고 있는지조차 모르는 상태. 이것이 현재 AI 변화를 마주한 많은 리더들의 현주소다.

기술 과잉이 불러온 '의미의 실종'

왜 이런 현상이 벌어지고 있는 걸까?

첫째, 비전과 기술적 효율의 혼동 때문이다. 리더들은 AI 도입을 '무엇을 위한 변화'가 아니라 '어떻게 효율화할 것인가'의 문제로만 접근한다. 〈Academy of Management Review〉의 연구에 따르면, 조직이 급격한 기술 변곡점에서 무너지는 가장 큰 이유는 기술력의 부족이 아니라 '의미부여의 실패'에 있다고 한다.

둘째, 근본적 공포에 대한 외면 때문이다. 구성원들은 지금 두 가지 실존적 불안을 느끼고 있다. 'AI가 내 자리를 뺏을지도 모른다'는 생존의 공포와 '기술 변화에서 소외될지도 모른다'는 고립의 두려움이 조직 전체를 잠식하고 있다. 그런데 리더는 이 감정을 직시하거나 다루지 않는다.

셋째, 차가운 기술 언어의 역효과 때문이다. 리더가 '생산성 향상'이나 '비용 절감' 같은 차가운 언어만 내뱉을 때, 구성원의 뇌는 이를 성장이 아닌 위협으로 인식한다. 위협을 느낀 뇌는 학습을 멈추고 방어기제를 작동시킨다. 기술은 도입되었으나 정작 사람은 움직이지 않는, 소통의 동맥경화가 발생하는 것이다.

남 팀장의 '도구'와 '목적' 사이의 방황

국내 자동차 1차 벤더 S기업 신사업팀의 남 팀장은 본사에서 AI 도구 도입 공문이 내려오자 즉시 팀 회의에서 "이번 달부터 우리 팀은 보고서 작성과 데이터 분석에 AI를 전면 도입합니다"라고 선포했다. 팀원들도 반기는 분위기였다.

하지만 문제는 엉뚱한 곳에서 발생했다. 남 팀장은 매주 회의에서 "이번 주에 AI로 보고서 작성시간은 얼마나 줄였나요?"라고 물으며 수치만 독촉했다. 급기야 팀 KPI 항목에 AI 활용 빈도를 넣겠다고 압박했다. "AI를 사용하지 않으면 평가에 반영될 수 있어요."

이런 지적이 한 달 이상 지속되자 팀 분위기는 급격히 냉각되었다. 어느 날 점심시간, 김 과장이 속내를 털어놨다. "요즘 우리가 일을 하는 건지 AI 쓰는 걸 증명하는 건지 모르겠어." 그 말이 남 팀장 귀에 들어왔다. 한 팀원이 조심스럽게 전했다. "팀장님, 솔직히 말씀드리면 팀원들이 AI를 쓰기 위해 일하는 것 같다는 말이 나옵니다."

남 팀장은 뒤늦게 깨달았다. 자신은 도구만 쥐여주었을 뿐, 이 도구를 왜 써야 하며 우리 업무의 어떤 문제를 해결하기 위한 것인지 설명한 적이 없었다. 효율 수치만 관리했을 뿐, 그 효율이 무엇을 위한 것인지는 빠져 있었다.

남 팀장은 다음 회의에서 질문을 바꿨다. "이번 주에 AI를 사용해 생긴 여유시간을 어디에 썼나요?" 김 과장이 답했다. "고객사 미팅 준비를 좀 더 깊이 할 수 있었습니다." 남 팀장이 고개를 끄덕였다. "그게 바로 우리가 AI를 쓰는 진짜 이유입니다." 도구 이야기가 사라지자, 비로소 진짜 일 이야기가 시작되었다.

리더의 진짜 질문 : "인간의 고유함은 무엇인가?"

리더가 기술의 파도에 침몰하지 않으려면 AI로 무엇을 할까 고민하기 전에, 더 본질적인 질문을 던져야 한다.

"AI가 우리 업무의 80%를 처리한다면, 나머지 20%에서 우리 팀의 업무를 증명할 수 있는 가치는 무엇인가?"

이 질문은 리더를 단순한 관리자에서 의미부여의 주체로 도약하게 만든다. 콜로라도 주립대학교 잭 머큐리오 박사는 이를 '매터링Mattering 리더십'이라 부른다. 매터링이란 구성원이 조직 안에서 존재 자체로 존중받고, 자신의 기여가 가시화되며, 그 존재가 타인에게 의미 있는 영향을 미친다고 인식하는 상태를 뜻한다.

기술이 고도화될수록 인간은 자신이 조직에서 여전히 중요한 존재인지 확인받고 싶어 한다. 따라서 리더는 AI를 완벽하게 도입하겠다는 강박에서 벗어나 인간 중심의 개입Human-in-the-loop 시스템을 설계해야 한다. AI가 답을 내놓아도 최종적인 가치 판단과 의사결정은 인간의 몫으로 남겨두는 것이다. 이를 위해 리더는 다음 세 가지 차원에서 비전을 재정의해야 한다.

1) 목적의 재발견(Why)

'AI가 효율을 완성할 때, 우리는 어떤 사회적 가치를 창출할 것인가?' 우리 팀이 AI를 사용하는 이유가 단순한 시간 절약이 아니라 더 큰 가치를 만들기 위한 것이라는 점을 구성원 모두가 공유하고 있어야 한다.

2) 맥락의 결합(How)

'AI의 논리적 결과물에 인간적 맥락과 공감이라는 마지막 2%를 어떻게 채울 것인가?' 보고서를 빠르게 완성하는 것은 AI가 할 수 있다. 하지만 그 보고서에 고객의 온기와 현장의 언어를 담는 일은 오직 사람만이 할 수 있다.

3) 심리적 안전감(Who)

'기술이 누군가를 소외시키는 도구가 아니라, 모두의 성장을 돕는 파트너가 되도록 리더가 직접 AI를 경험하며 장벽을 허물고 있는가?' 리더가 먼저 AI를 사용하며 실패 경험까지 솔직하게 나누는 것이 구성원의 두려움을 없애는 가장 빠른 방법이다.

'전략적 멈춤'과 '질문'

현장의 리더들이 내일 아침 회의에서 당장 실행해야 할 3가지 액션 플랜을 제안한다.

1) 카페인에 취한 다람쥐 자가진단

스스로에게 솔직해져야 한다. '나는 지금 팀원들에게 기술 도입 속도만을 독촉하고 있는가, 아니면 변화 이후에 우리가 도달할 의미 있는 목적지를 보여주고 있는가?' 전자에 치우쳐 있다면 즉시 질주를 멈추고 팀의 방향성을 재점검해야 한다. 100점짜리 속도보다 80점짜리 방향이 훨씬 값지기 때문이다.

2) 리더의 프롬프트 : 질문의 격 높이기

AI 시대의 리더는 답을 주는 사람이 아니라 최고의 질문을 던지는 사람이어야 한다. "AI가 분석한 이 데이터 너머에 있는 고객의 진짜 고통은 무엇일까?"라고 질문하는 리더가 팀을 성장시킨다. 도구를 잘 다루는 사람이 아니라, 도구가 볼 수 없는 것을 보는 사람이 진짜 리더다.

3) 5분의 의미부여 대화

주간회의 시작 5분을 기술적 보고가 아닌 의미를 찾는 시간으로 써야 한다. "AI에 맡긴 시간만큼, 우리가 더 집중해야 할 창의성은 무엇인가?"라고 물으며 팀의 존재 이유를 각인시켜라. 이 질문이 팀의 방향을 바꾼다.

AI는 답을 주지만, 리더는 존재 이유를 준다

갤럽의 연구에 따르면, 전 세계 직원의 약 80%가 조직에서 충분히 몰입하지 못하거나 적극적으로 이탈한 상태라고 한다. 그 이면에는 하나의 공통된 이유가 있다. 자신이 하는 일의 의미를 찾지 못하기 때문이다. AI 시대, 리더의 진짜 권위는 최신 도구를 다루는 솜씨가 아니라 변화의 폭풍 속에서도 '당신의 일이 왜 소중한지'를 끊임없이 일깨워주는 능력에서 나온다.

02

5년 후를 그리는
비전 스토리텔링

'인간이 AI보다 더 잘할 수 있는 가치 있는 일은 무엇인가?' AI 라는 거대한 변화의 폭풍 속에서 이 본질적인 질문을 마주했다면, 이제 그 대답을 구성원들의 가슴에 새길 차례다. 리더가 찾아낸 나침반의 방향을 구성원들이 각자의 지도로 받아들이게 만드는 과정, 그것이 바로 '비전 스토리텔링'이다. 단순히 방향을 아는 것知을 넘어, 그 방향으로 다같이 나아가게 만드는 실천行의 힘은 논리가 아닌 '생생한 스토리'에서 나온다.

"우리의 비전은 'AI 기반 글로벌 Top 10'입니다"

수많은 기업 회의실 벽면에는 거창한 슬로건이 붙어 있다. '2030 가치 혁신' 'AI First 기업' 하지만 냉정하게 묻고 싶다. 이

건조한 문장을 보고 아침에 즐겁게 출근할 에너지를 얻는 팀원이 단 한 명이라도 있을까?

특히 AI가 일상의 업무에 파고든 지금, 리더가 말하는 추상적이고 딱딱한 비전은 구성원들에게 영감이 아니라 공포로 다가온다. ESSEC 경영대학원 데이비드 슬러스 교수는 "리더의 메시지가 구성원의 역할 정체성과 연결되지 않을 때, 리더와 구성원 사이의심리적 거리는 급격하게 벌어진다"고 경고한다.

구성원들이 리더에게 가장 실망하는 순간은 '비전이 나의 현실과 동떨어져 있다'고 느낄 때다. 리더가 숫자와 구호로 비전을 말할 때, 구성원은 속으로 '그래서 내 자리는 어떻게 되는 거지?'라는 생존의 질문을 던진다. 비전이 박제된 언어가 되는 순간, 리더십의 동력은 상실된다.

비전이 '공지사항'에 그치는 3가지 이유

왜 리더들의 비전은 현장에서 힘을 잃는 걸까?

첫째, 비전에 '생생함'이 없기 때문이다. MIT의 뇌과학 연구에 따르면, 인간의 뇌는 이미지를 단 0.013초 만에 처리하지만, 언어는 단어 하나를 인식하는 데만 0.2초가 걸린다. 이처럼 인간의 뇌는 숫자보다 시각적 이미지를 훨씬 직관적으로 처리하도록 설계되어 있다. 그런데 리더들이 내놓는 비전은 하나같이 '매출 1조' '글로벌 Top 10'처럼 차갑고 추상적인 숫자로 끝나는 경우가 많다. 이런 숫자는 머릿속에 그려지지 않는다. 반면 '우리 서비스를 경험한 고객이 감동하여 감사 편지를 보내오는 장면'은 단번에 각

인된다. 그림이 되지 않는 비전은 사람의 마음을 움직일 수 없다.

둘째, 대부분의 비전 스토리에 구성원이 없기 때문이다. 리더의 성공 신화를 위한 들러리가 되고 싶은 사람은 아무도 없다. 사람들은 이야기 속에 '내'가 있을 때 비전에 공감한다. 내가 등장하지 않는 미래는 아무리 그럴듯해 보여도 나와 상관없는 남의 이야기일 뿐이다.

셋째, AI 시대가 촉발한 실존적 불안을 리더들이 종종 과소평가하기 때문이다. 기술 변곡점에서 리더가 인간의 기여가치에 대한 구체적인 청사진을 제시하지 못하면, 구성원은 점점 심리적 거리 두기에 들어간다. 최근 조직행동 분야에서 논의되고 있는 '조용한 퇴사Quiet Quitting'는 그 한 단면이다. 이는 물리적으로는 자리에 남아 있으나, 심리적으로는 이미 조직과 분리된 상태를 뜻한다.

하 팀장의 비전 앞에 흔들리는 팀원들

제조 대기업 생산관리팀의 하 팀장은 '전사 AI 전환 선포식'이 끝난 날 오후, 팀으로 돌아와 바로 회의를 소집했다. 아직 선포식 열기가 남아 있을 때 팀의 방향을 잡고 싶었다. 하 팀장은 의욕에 넘쳐 말했다. "여러분, 우리 팀이 AI 기반 스마트 팩토리의 선두주자가 될 겁니다. 지금부터 우리가 그 중심에 설 것입니다."

팀원들은 박수를 쳤지만 표정은 어색했다. 며칠 뒤 하 팀장은 탕비실에서 나누는 대화를 우연히 들었다. "스마트 팩토리가 되면 우리가 매일 하던 데이터 검수는 기계가 다 할 텐데, 그럼 우린 뭐하지?"라는 오 차장의 말에 신입사원이 조심스럽게 물었다. "이제 막 업무를 배우기 시작했는데, 배우자마자 제 자리가 없어지는 건가요?" 아무도 웃지 않았다.

하 팀장은 회의실로 돌아와 생각해 보니 자신이 선포한 비전 어디에도 팀원들에 대한 이야기가 없었다. 스마트 팩토리가 되면 팀이 어떻게 달라지는지, 팀원들의 역할이 어떻게 바뀌는지, 지금 하는 일이 어디로 이어지는지는 단 한마디도 없었다. 회사의 비전을 그대로 가져다 팀 앞에 세워놓았을 뿐, 역할의 변화나 미래의 가치를 설명하지 않았다.

그 이후로 팀 분위기가 급격히 가라앉았다. 서로 아이디어를 주고받던 회의가 조용해졌고, 자발적으로 업무를 챙기던 팀원들이 시키는 것만 하기 시작했다. 새로운 자동화 파일럿 프로젝트 참여자를 모집했을 때 아무도 손을 들지 않았다. 하 팀장이 이유를 묻자 오 차장이 말했다. "팀장님, 솔직히 잘 모르겠어요. 그게 잘되면 저희한테 좋은 건지 나쁜 건지요."

하 팀장은 다음 회의에서 질문을 바꿨다. "AI가 데이터 검수를 대신하게 된다면 여러분이 그 시간에 진짜 해보고 싶은 일은 무엇인가요?" 오 차장이 입을 열었다. "사실 저는 검수보다 불량 원인 분석을 깊이 해보고 싶었습니다." 이 사원도 말했다. "저는 공정 개선 제안을 직접 해보고 싶습니다." 비전은 위에서 내려오는 것이 아니라 팀원들의 불안을 걷어내는 데서 시작해야 한다는 것을 깨닫는 순간이었다.

'관람객'을 '주인공'으로 바꾸는 비전 설계

AI 시대의 비전 스토리텔링은 단순히 미래를 예측하는 것이 아니다. 구성원이 주인공으로 활약할 무대를 리더가 먼저 그려주는 작업이어야 한다. 이를 위해 3가지 전략이 필요하다.

1) 정체성 서사 만들기

행동을 요청하기 전에 정체성을 부여하는 것이 먼저다. 사람들은 '무엇을 해야 한다'는 지시보다 '나는 어떤 사람이다'라는 정체성에 더 강하게 반응한다. 'AI 툴을 잘 활용하라'는 지시 대신 '5년 후 우리는 기술의 노예가 아니라 AI 에이전트라는 디지털 동료를 지휘하며 고객의 난제를 가장 창의적으로 해결하는 가치설계자가 될 것'이라고 정의하라. 동사가 아닌 명사로 미래를 정의할 때 구성원의 자부심이 살아난다.

2) 프론티어 기업으로의 진화 로드맵 제시

AI 시대 선도조직의 진화를 3단계로 구분해 보면 AI가 인간의 단순업무를 보조하는 1단계Assisted, AI 에이전트와 인간이 긴밀하게 협업하는 2단계Augmented, 그리고 인간이 AI를 주도적으로 운영하며 새로운 가치를 창출하는 3단계Autonomous로 진화한다. 리더는 이 로드맵을 팀의 언어로 재해석해야 한다.

마이크로소프트의 CEO 사티아 나델라는 회사의 비전을 재정립하며 이렇게 선언했다. "지구상의 모든 사람과 모든 조직이 더 많

은 것을 성취할 수 있도록 돕는다." 기술이 목적이 아니라 인간의
역량을 증강하는 수단임을 분명히 한 것이다. 지금 리더가 팀원들
에게 해야 할 말이 바로 이것이다. 기술이 우리를 위협하는 게 아니
라, 기술 덕분에 우리가 더 성장한다는 확신을 주어야 한다.

3) 공유 리더십 기반의 공동창조

비전은 리더의 전유물이 아니다. 리더는 완벽한 시스템을 혼자
구축하려 하지 말고, 사람의 개입과 창의성이 살아있는 시스템을
팀원과 함께 그려야 한다. 팀원 각자가 비전의 한 조각을 직접 그려
넣을 때 강력한 실행력이 만들어진다. 이것이 공동창조의 힘이다.

실행 과제

'비전의 시각화'

팀의 사기를 즉각적으로 높일 수 있는 3가지 스토리텔링 실천
법을 제안한다.

1) 비전의 주인공 테스트

지금 당장 준비한 비전 문구를 읽어보자. 주어가 '우리 회사'나
'나'로 되어 있는가? 아니면 '당신(팀원)'으로 되어 있는가? 주어가
회사라면 그 비전은 구성원의 가슴에 닿기 어렵다. '당신이 AI를
이용해 지루한 수작업에서 해방되어, 고객에게 더 큰 감동을 주는
전문가로 도약하는 모습'이 담겨야 진짜 비전이다.

2) 5년 후 미래 편지 쓰기

워크숍에서 팀원들과 함께 미래 편지를 작성해 보자. "2030년 오늘, 우리 팀이 업계 최고의 찬사를 받을 때, 당신은 어떤 핵심역할을 수행했는가?" 이 질문을 통해 각자의 커리어 스토리와 조직의 비전을 정렬Alignment하는 것이다. 사람들이 비전을 자신의 이야기와 연결하는 순간, 비전은 공지사항에서 사명이 된다.

3) AI 시대의 정체성 언어 사용하기

회의 때마다 다음 문구들을 의도적으로 사용해 보자. '우리는 단순히 AI를 사용하는 직원이 아니라, 기술이라는 악기를 조율하는 오케스트라 지휘자입니다. 기술이 줄 수 없는 인간적 맥락을 디자인하는 전문가로서 우리의 미래를 그려봅시다.' 반복해서 듣는 언어가 결국 그 사람의 정체성을 만든다.

Leadership Insight

비전은 공지하는 것이 아니라 초대하는 것이다

리더의 역할은 구성원을 미래라는 낯선 땅으로 안내하는 가이드와 같다. 자신의 일이 미래 스토리의 중요한 일부라고 믿는 구성원은 그렇지 않은 사람보다 훨씬 높은 성과를 낸다. AI 시대, 리더의 가장 강력한 도구는 코딩 실력이 아니라 팀원 한 사람 한 사람을 성공 신화의 주인공으로 만드는 펜이다.

03

기술용어를 일상의 언어로 번역하는 센스메이킹

우리가 AI와 함께 주인공으로 활약하는 5년 후의 생생한 비전을 그렸다면, 이제 그 비전으로 향하는 길을 닦아야 할 차례다. 비전이 거시적인 나침반이라면, 리더가 매일 팀원들에게 던지는 언어는 그 방향으로 한 걸음씩 내딛게 만드는 실제적인 동력이다. 아무리 멋진 비전도 현장의 언어로 번역되지 않으면 그저 뜬구름 위의 이야기일 뿐이다. 이제 리더는 복잡한 기술적 변화를 팀원들이 이해할 수 있는 일상의 가치로 바꾸어주는 전략적 번역가가 되어야 한다.

"LLM 도입이 제 성과지표KPI와 무슨 상관입니까?"

회의실에서 리더가 열정적으로 외친다. "우리 팀도 이제 LLM(거대언어모델)을 도입해서 RAG(검색증강생성) 기술로 데이터 사일로를 타파하고 업무 효율을 극대화해야 합니다!" 리더는 자신이 최신 트렌드를 아주 잘 파악하고 있다며 뿌듯해할지 모르겠지만, 그 순간 팀원들의 눈빛은 흔들린다. '내 업무가 사라지는 건가?' '공부할 게 또 늘었네, 결국 일만 더 많아지겠군.'

이것이 기술 변곡점에서 흔히 발생하는 소통의 장애다. 리더는 수단을 말하지만, 구성원은 생존과 수고를 생각한다. 기술용어가 난무하는 소통은 현장의 불확실성을 가중시키고, 구성원들을 심리적 방어기제 속으로 밀어 넣는다.

센스메이킹의 부재와 지식의 저주

왜 리더의 언어는 구성원에게 제대로 전달되지 못할까?

첫째, 센스메이킹Sense-making의 부재 때문이다. MIT 슬론 경영대학원 데보라 안코나 교수는 현대 리더십의 핵심 결핍으로 '센스메이킹의 부재'를 꼽는다. 센스메이킹이란 복잡하고 파편화된 상황을 누구나 이해 가능한 틀로 정리해 의미를 부여하는 과정이다. 하지만 대부분의 리더는 자신이 이해한 기술 언어를 그대로 팀원들에게 쏟아낸다. '내가 말하면 다 이해하겠지'라는 막연한 기대와 함께 말이다.

둘째, 지식의 저주Curse of Knowledge 때문이다. 자신이 아는 것을 상대도 당연히 알 것이라고 착각하는 것이다. 리더에게 RAG는 이미 익숙한 단어지만, 팀원에게는 여전히 낯선 용어일 수 있다. 그 간극을 메우지 않은 채 쏟아내는 기술 언어는 팀원들을 불안하게 만든다. 참고로 RAG는 거대언어모델LLM이 자체 학습지식만으로 답변하지 않고, 외부 지식 베이스에서 관련 정보를 먼저 검색한 뒤, 그 정보를 기반으로 생성하는 구조이다.

셋째, 인간 경험으로의 번역 실패 때문이다. 하버드비즈니스스쿨 세달 닐리 교수는 "기술 그 자체는 가치가 없다. 그것이 인간의 경험으로 번역될 때만 비로소 조직의 자산이 된다"고 강조한다. 기술을 도입하라는 미션은 있지만, 그 기술이 팀원의 고단함을 어떻게 덜어주는지에 대한 번역이 빠져 있는 것이 지금 우리 조직 소통의 냉정한 단면이다.

주 팀장과 등 돌린 팀원들

IT 서비스 기업 디지털혁신팀의 주 팀장은 AI 전환 프로젝트 총괄을 맡은 뒤 주말마다 논문을 읽고 컨퍼런스에 다니며 열정적으로 공부했다. 그리고 그 열기는 고스란히 팀 회의로 이어졌다.

"이번 프로젝트는 RAG 아키텍처 기반으로 가야 합니다. LLM 레이어와 벡터 DB 연동 구조를 먼저 잡읍시다." 팀원들은 고개를 끄덕였고, 회의는 매번 막힘없이 끝났다. 그런데 자리로 돌아간 팀원들은 한동안 멍하니 있거나, 옆자리 동료와 뭔가를 소곤거렸다. 주 팀장은 그냥 적응 중이겠거니 생각했다.

몇 주 뒤 어느 저녁, 막내 류 사원이 조용히 찾아와 고백했다. "팀장님, 사실 저 회의 때 팀장님 말씀을 거의 이해하지 못하고 있어요. 다들 고개를 끄덕이길래 저만 모르는 줄 알고 가만히 있었는데, 어제 물어보니 다른 분들도 다 마찬가지였어요."

주 팀장은 한동안 말이 없었다. 고개를 끄덕이던 장면은 '이해'해서가 아니라 '이해한 척'이었다. 자신이 앞으로 달려가는 동안 팀원들은 첫 번째 코너에서 이미 길을 잃고 있었다.

다음 주 회의에서 주 팀장은 기술용어 대신 사과의 말을 먼저 꺼냈다. "지난번에 제가 너무 앞서간 것 같아요. 오늘은 처음부터 다시 짚어보겠습니다. 모르는 게 있으면 언제든 끊으세요." 강 대리가 손을 들었다. "그럼 RAG가 정확히 뭔지부터 여쭤봐도 될까요?" 주 팀장이 웃으며 답했다. "그것부터 하죠." 비로소 팀원들의 질문이 쏟아졌고, 진짜 소통이 시작되었다.

리더는 '전략적 번역가'가 되어야 한다

AI 시대의 리더는 기술을 설명하는 강사가 아니라, 기술에 의미를 입히는 번역가가 되어야 한다. 이를 위해 리더는 다음의 세 가지 차원에서 언어의 프레임을 재구성해야 한다.

1) 기술 언어를 가치 언어로 바꿔라

"AI 도입으로 프로세스를 최적화하자"는 말은 차갑고 위협적이다. 대신 이렇게 말하라. "지루하고 반복적인 데이터 취합 업무는 AI라는 유능한 인턴에게 맡깁시다. 대신 여러분은 고객의 마음을 읽는 진짜 기획과 창의적 판단에만 에너지를 쏟을 수 있도록 제가 환경을 만들겠습니다." 기술은 수단일 뿐이며, 목적은 항상 사람의 성장과 자유에 있음을 분명히 하는 번역이 필요하다.

2) 비유와 메타포를 활용하라

캘리포니아대학교 산타바바라 폴 레오나르디 교수는 '새로운 기술이 도입될 때 리더가 사용하는 비유가 구성원의 인지적 부하를 획기적으로 줄여준다'는 연구 결과를 내놓았다. AI를 일자리를 뺏는 침입자가 아니라, 지치지 않는 파일럿 보조원Co-pilot이나 팀의 역량을 10배 키워줄 마법 지팡이로 묘사하는 것이다. 익숙한 개념에 새로운 기술을 연결할 때 구성원은 비로소 마음의 문을 연다.

3) 우리 팀의 아픔과 연결하라

인간은 자신이 처한 구체적인 맥락과 연결될 때만 정보를 수용한다. 실리콘밸리의 성공 사례가 아니라, '이 AI 도구가 지난주 우리가 겪었던 고객 컴플레인을 해결하는 데 어떻게 쓰일 수 있는지'와 같이 우리 팀의 고통을 해결하는 도구로 기술을 정의해야 한다.

실행 과제

리더를 위한 언어 번역 툴킷 : 3S 원칙

내일 아침 주간회의에서 바로 적용할 수 있는 3가지 대화 가이드를 제안한다.

1) Simple : 기술용어를 걷어내고 본질만 남겨라

전문용어가 늘어날수록 구성원의 이해도와 심리적 몰입이 저하될 수 있다. "우리 팀의 흩어진 지식들을 한곳에 모아, 누구든 질문만 하면 바로 정답을 찾아주는 우리만의 백과사전을 만들자"처럼 한 문장으로 핵심을 말한다.

2) Specific : 구체적인 행동 변화를 언어화하라

"하루 업무 중 첫 30분은 AI와 대화하며 기획의 아이디어를 뽑아봅시다. 나머지 7시간은 그 아이디어를 고객에게 어떻게 감동적으로 전달할지 고민하는 데 쓰면 됩니다"처럼 구체적인 행동 단위를 제시한다.

3) Soulful : 구성원의 기여를 인정하는 언어를 담아라

기술 변화를 말할 때 반드시 사람의 자리를 남겨야 한다. 리더가 변화 속에서도 구성원의 기여가치를 인정하는 언어를 사용할 때 협력 의지가 높아진다. "기술이 완벽해질수록, 여러분만이 가진 현장의 직관과 윤리적 책임감은 더욱 귀해질 것입니다"라는 메시지를 잊지 마라.

언어는 리더가 조직에 설치하는 운영체제다

리더가 어려운 용어 뒤로 숨을 때 조직은 혼란에 빠지지만, 리더가 기술을 따뜻한 일상의 언어로 번역해 줄 때 조직은 비로소 움직인다. AI 시대, 당신의 경쟁력은 코딩 실력이 아니다. 전문성을 얼마나 인간적인 언어로 풀어내어 팀원들을 안심시키고 몰입시키느냐에 달려 있다.

04

두려움을 희망으로 바꾸는
변화 스토리 만들기

기술을 일상의 언어로 번역하는 '센스메이킹'이 해독의 과정이라면, 이제는 그 단어들을 꿰어 구성원들의 가슴을 뛰게 할 서사Narrative를 완성할 차례다. 변화는 논리만으로 완성되지 않는다. 인간은 숫자가 아니라 이야기에 움직이는 존재이기 때문이다. 특히 AI가 주는 위협이 실존적 공포로 다가오는 지금, 리더는 구성원의 불안을 잠재우고 그 에너지를 희망으로 바꾸는 변화의 스토리텔러가 되어야 한다.

"AI 도입은 우리에게 기회입니다"

새로운 변화의 물결이 닥칠 때 리더들이 가장 많이 저지르는 실수가 바로 '논리의 함정'에 빠지는 것이다. "시장점유율을 지키기 위해 AI 도입은 필수적입니다.""데이터에 따르면 우리의 경쟁력이 떨어지고 있습니다." 이런 말들은 지금 우리에게 닥친 현실일수 있다. 하지만 팀원들의 마음을 움직이지는 못한다. 오히려 '그래서 내 자리는 어떻게 되는 건데?'라는 방어기제만 강화할 뿐이다.

사람들은 변화관리의 실패 원인을 감정적 연결의 부재에서 찾는다. 리더가 변화를 위기 극복의 관점에서만 이야기할 때, 구성원의 뇌는 이를 생존에 대한 위협으로 받아들인다. 위협을 느낀 뇌는새로운 기술을 배울 여유를 잃고, 심리적 태업Quiet Quitting의 상태로숨어버린다. 변화는 머리가 아니라 가슴에서 시작되어야 한다.

변화를 거부하는 뇌의 기제

왜 구성원들은 변화를 두려워하고 저항하는 걸까?

첫째, 뇌의 생존 본능이 작동하기 때문이다. 인간의 뇌에는 익숙한 상태를 유지하려는 본능이 있다. 클레어몬트 대학원 폴 작 교수의 연구에 따르면, 불확실한 변화의 신호는 뇌의 편도체를 자극하여 스트레스 호르몬인 코르티솔을 방출시킨다. 이때 리더가 차가운 수치와 기술적 당위성만 강조하면 구성원들은 '투쟁 혹은 도피' 모드로 전환된다. 몸은 자리에 앉아 있지만 마음은 이미 도망갈 준비를 하는 것이다.

둘째, 이야기가 아닌 데이터로 소통하기 때문이다. 폴 작 교수는 같은 연구에서 흥미로운 사실을 하나 더 밝혀냈다. 인간의 뇌는감동적인 이야기를 들을 때 공감 호르몬인 옥시토신을 분비한다는 것이다. 코르티솔이 뇌를 닫게 만든다면, 옥시토신은 뇌를 열게 만든다. 다시 말해 리더가 데이터로 말하면 뇌는 닫히고, 이야기로 말하면 뇌는 열린다. 희망은 논리적인 분석이 아니라 '나도 이 이야기의 주인공이 될 수 있다'는 정서적 확신에서 나오는 것이다.

셋째, 과거를 존중하지 않는 미래 제시 때문이다. 변화의 시기에 리더가 과거의 노력과 미래의 가능성을 잇는 가교 역할을 하지 못할 때 조직은 방향을 잃는다. 과거를 존중하지 않은 채 미래만 말하는 변화는 구성원들에게 '우리가 지금껏 한 일이 다 잘못된 것이냐'는 배신감으로 돌아온다. 그것이 변화 이야기가 공허해지는 또 다른 이유다.

엄 팀장의 '희망 연설'이 역효과를 낸 이유

유통 대기업 영업팀의 엄 팀장은 분위기 띄우는 데 자신 있는 사람이었다. 전사 AI 전환 발표가 난 다음 날, 팀원들이 술렁이기 전에 먼저 방향을 잡아줘야 한다고 생각해 바로 회식 자리를 잡았다.

고기가 노릇하게 구워질 즈음 엄 팀장이 잔을 들었다. "여러분, 이번 AI 전환은 엄청난 기회입니다. 드디어 우리 팀도 한 단계 도약할 수 있는 시간이 왔습니다. 발품 팔던 시대는 가고, 이제 데이터로 스마트하게 움직이는 겁니다." 목소리에 힘이 넘쳤다. 몇몇 팀원들이 잔을 부딪쳤다. 그런데 분위기가 영 살아나지 않았다. 억지로 웃는 얼굴들이 보였다.

회식이 끝나고 나오는 길에 베테랑 노 차장이 조용히 말했다. "팀장님, 저 오늘 좀 서운했어요. 발품 팔던 시대는 갔다고 하셨잖아요. 그런데 저는 그 발품으로 15년 동안 고객 관계를 쌓아온 사람이거든요. 팀장님은 희망 이야기를 하신 건데, 제 귀엔 당신이 해온 일은 이제 쓸모없다는 말로 들렸어요."

엄 팀장은 아차 싶었다. 집으로 오는 길에 오늘 자신이 한 말을 다시 떠올렸다. 틀린 말은 없었다. 진심이었다. 그런데 그 말 어디에도 노 차장 같은 사람의 이야기가 없었다. 15년 치 경험이 AI 시대에 어떤 가치를 갖는지, 그 관계와 노하우가 새로운 방식과 어떻게 연결되는지 말이다.

다음 날 엄 팀장은 노 차장을 따로 불렀다. "어젯밤에 한 말 고마워요. 제가 너무 앞만 보고 이야기했네요." 그리고 팀 전체 회의를 소집했다. 이번엔 비전 대신 질문을 던졌다. "여러분이 지금까지 쌓아온 것 중에 AI가 절대 따라오지 못할 것은 뭐라고 생각해요?" 노 차장이 가장 먼저 손을 들었다.

결핍이 아닌 '증강'의 서사를 설계하라

AI 시대의 리더는 공포를 희망으로 바꾸기 위해 서사의 구조를 완전히 재설계해야 한다. 이를 위해 다음의 3가지 전략이 필요하다.

1) 현재의 고통과 미래의 가치를 대비시켜라

세계적인 커뮤니케이션 전문가 낸시 두아르테는 "위대한 서사에는 반드시 현재의 고단함과 미래의 달콤함 사이의 강렬한 대비가 있다"고 말한다. 스티브 잡스의 아이폰 발표와 마틴 루터 킹의 연설이 수십 년이 지난 지금도 회자되는 것은 바로 이 대비의 힘 때문이다. 리더도 마찬가지다. 이렇게 말해야 한다.

"우리는 지금 엑셀 데이터와 사투를 벌이며 정작 중요한 고객의 마음을 읽는 시간을 빼앗기고 있습니다. AI라는 파트너가 이 고된 일을 맡아준다면, 우리는 진정한 전문가로서 고객에게 가슴 벅찬 감동을 주는 일에 집중할 수 있습니다."

결핍을 강조하는 것이 아니라, 변화를 통해 우리가 얻게 될 인간적 가치의 증강을 서사의 중심에 두는 것이다.

2) 리더의 취약성을 솔직하게 공유하라

하버드 경영대학원 에이미 에드먼슨 교수는 "리더가 완벽함을 연기할 때보다 자신의 불안과 학습과정을 솔직히 공유할 때 팀원들이 오히려 용기를 얻는다"고 강조한다. "저도 AI가 낯설고 두렵습니다. 하지만 우리가 함께 배우고 적응해 나간다면, 우리는 이전보다 더 강력한 팀이 될 것입니다." 리더의 취약성과 솔직함은 변화의 문턱을 낮추는 가장 강력한 도구가 된다. 완벽한 리더의 선언보다 함께 걸어가는 동료의 고백이 팀원의 마음을 더 깊이 움직인다.

3) 우리가 함께 쓰는 일기로 전환하라

변화관리의 세계적 석학 하버드비즈니스스쿨 존 코터 교수는 "사람은 분석Analyze해서 변하는 게 아니라, 보고 느껴서 변한다See-Feel-Change"고 말했다. 성공 사례를 공유할 때도 회사의 매출 증가가 아닌, 'AI 덕분에 업무시간이 줄어들어 가족과 저녁을 보내게 된 김 대리의 이야기'처럼 구체적이고 인간적인 에피소드를 나누어야 한다. 숫자는 머리를 움직이지만, 이야기는 사람을 움직인다.

리더를 위한 '희망 서사' 툴킷 : 3단계 스토리 빌딩

현장에서 즉시 활용할 수 있는 변화 이야기 작성 프레임이다.

1단계) 과거의 존중

변화를 말하기 전에 우리 팀이 그동안 일해온 방식과 노고를 먼저 인정하라. "그동안 수작업으로 이 방대한 데이터를 관리해 온 여러분의 헌신이 있었기에 지금의 우리 팀이 있습니다." 과거를 존중하지 않는 변화는 뿌리 없는 나무와 같다.

2단계) 현재의 도전과 AI의 역할 정의

AI를 대체자가 아닌 '해방자'로 정의하라. "하지만 이제 그 수고로운 짐을 AI에게 넘겨주려 합니다. 여러분의 지성과 열정이 단순 반복업무에 갇혀 있는 것이 아깝기 때문입니다." 도구가 아니라 사람의 자유를 이야기한다.

3단계) 우리만의 새로운 승리 조건 제시

변화 이후에 우리가 맛보게 될 인간적 성취를 구체적으로 묘사하라. "5년 후, 우리 팀은 업계에서 기술을 가장 잘 다루는 팀이 아니라, 기술을 활용해 고객의 삶을 가장 따뜻하게 바꾸는 최고의 가치창조 팀이 될 것입니다." 목적지가 그려져야 사람들이 움직인다.

최고의 변화 이야기는 팀원의 입에서 나온다

감동적인 서사는 뇌에서 옥시토신을 분비시킨다. 리더는 거창한 연설가가 될 필요가 없다. 대신 팀원들이 변화의 과정에서 겪는 작은 성공을 포착하여 이야기로 만들어야 한다. '우리의 변화가 우리를 어떻게 더 나은 사람으로 만들고 있는가'에 대한 증거를 수집하는 것, 그것이 리더의 진짜 실력이다.

05

타운홀에서 1:1 대화까지, 비전을 전파하는 법

두려움을 희망으로 바꾸는 강력한 변화의 서사를 완성했다면, 이제 그 이야기가 리더의 생각 속에만 머물러서는 안 된다. 구성원 개개인의 심장으로 파고들어야 한다. 비전은 선언되는 순간이 아니라, 구성원이 자신의 일상 업무 속에서 그 의미를 발견하는 순간 완성된다. 이제 리더는 화려한 무대 위의 연설가에서 조직의 모든 접점을 활용하는 전략적 커뮤니케이터로 변모해야 한다. 아무리 좋은 씨앗이라도 대지에 골고루 뿌려지지 않으면 결실을 맺을 수 없기 때문이다.

"나는 다 말했는데, 왜 그들은 모른다고 할까?"

"지난달 팀 전체 미팅에서 우리 팀의 AI 전환 비전을 1시간 동안 설명했습니다. 질의응답 시간까지 가졌으니 이제 다들 이해했겠죠?” 현장에서 만나는 많은 리더가 이렇게 자신하며 묻는다. 하지만 미안하게도 대답은 ‘아니요’다.

리더가 비전을 한 번 말했을 때 구성원이 이를 정확히 이해하고 자신의 업무와 연결할 확률은 매우 낮다. 리더는 잘 전달했다고 생각하지만, 구성원은 구경만 했을 뿐이다. 특히 수직적 문화가 강한 기업일수록 팀 미팅은 리더의 일방적인 전달로 전락하기 쉽다. 비전이 전파되지 않는 조직은 제각기 다른 방향으로 노를 젓는 배와 같다.

정보의 홍수와 ‘심리적 거리감’

리더가 열심히 비전을 말하는데도 왜 구성원들은 이해하지 못하는 걸까?

첫째, 소통량에 대한 착각 때문이다. 리더들은 비전 전파에 필요한 소통량을 실제보다 10배에서 100배까지 과대평가하는 경향이 있다. 리더에게는 이미 익숙해진 비전이 팀원에게는 여전히 낯선 외국어와 같다. 한 번의 선포식으로 모두가 이해했을 것이라는 믿음이 실패의 첫 번째 원인이다.

둘째, 비전과 일상 업무의 단절 때문이다. 전달 횟수만의 문제가 아니다. 전달방식에도 구조적인 결함이 있다. 폴 레오나르디 교수는 디지털 전환기 리더십 연구를 통해, ‘기술적 비전이 구성원의 개별 KPI(핵심성과지표)와 연결되지 않을 때 인지적 불협화음이 발생한다’고 분석했다. ‘회사의 비전은 알겠는데, 그래서 내일 내 업무가 어떻게 바뀌는지는 모르겠다'는 반응이 나오는 이유다. 비전이 하늘에 떠 있는 풍선처럼 느껴지는 순간, 구성원들의 발은 땅에 멈춰선다.

셋째, 말하지 못한 두려움의 누적 때문이다. 팀 미팅 같은 공개적인 자리에서 AI에 대한 두려움을 솔직히 말할 수 있는 구성원은 거의 없다. 분위기를 흐릴까봐, 무능해 보일까봐 입을 꾹 다문다. 리더가 질문을 강요할수록 구성원은 오히려 입을 닫는다. 그리고 이 두려움은 사라지지 않고 조직 안에 조용히 쌓여 변화를 가로막는 거대한 벽이 된다.

심 팀장의 팀 미팅 다음 날

IT 컨설팅 기업 전략컨설팅팀의 심 팀장은 두 달 동안 준비한 AI 전략 미팅을 마친 뒤 뿌듯함을 느꼈다. 슬라이드 40장, 경쟁사 사례 분석, 단계별 도입 로드맵까지 완벽했다. Q&A에서도 충분히 질문이 오갔고, 팀원들도 고개를 끄덕이며 나갔기에 성공적이라 믿었다.

다음 날 아침, 심 팀장은 복도에서 팀원들의 대화를 우연히 듣게 되었다. "어제 두 시간 동안 들었는데, 결국 내 업무가 어떻게 바뀐다는 건지 하나도 모르겠어." 권 과장의 말에 신입사원도 맞장구를 쳤다. "저도요. AI 도입한다는 건 알겠는데, 그게 저랑 무슨 상관인지 모르겠어요." 권 과장이 한마디 더 했다. "그냥 회사가 또 뭔가 하려나 보다 했어. 우리가 뭘 해야 하는지는 없었잖아."

심 팀장은 씁쓸한 기분으로 자리로 돌아와 전날의 슬라이드를 다시 펼쳤다. 40장을 넘기면서 다시 보니 팀원들의 말이 틀리지 않았다. 시장 트렌드, 기술 개요, 경쟁사 동향, 도입 일정 등 모두 회사와 기술 이야기뿐이었다. 권 과장이 매일 하는 보고서 작업이나 신입사원이 지금 배우고 있는 분석 업무가 AI 도입 이후 어떻게 달라질지에 대한 이야기는 단 한 줄도 없었다.

심 팀장은 그날 오후 짧은 회의를 다시 잡았다. 이번엔 슬라이드 없이 자리에 앉았다. "어제 제가 너무 큰 그림만 이야기했네요. 오늘은 각자의 업무 이야기를 하고 싶어요. AI가 도입되면 본인 일이 어떻게 바뀔 것 같은지, 걱정되는 부분이 뭔지 솔직하게 이야기해 봅시다." 권 과장을 시작으로 팀원들이 한 명씩 입을 열기 시작했다. 40분간의 짧은 대화였지만, 전날의 두 시간보다 팀원들의 표정은 훨씬 살아 있었다. 비전은 숫자로 설득하는 게 아니라 각자의 업무와 연결될 때 비로소 이해된다는 사실을 깨닫는 순간이었다.

옴니채널 소통과 '라스트 마일' 리더십

AI 시대의 비전 전파는 확성기가 아닌 '혈관'의 관점으로 접근해야 한다. 이를 위해 리더는 다음의 3가지 전략을 수립해야 한다.

1) Rule of 7과 옴니채널 전략

마케팅 분야의 고전적 법칙인 '일곱 번은 노출되어야 기억한다'는 원칙은 비전 전파에도 동일하게 적용된다. 타운홀(대규모), 주간

회의(중규모), 메신저(수시), 1:1 대화(심층) 등 모든 채널을 사용해 비전 메시지를 반복해야 한다. 마이크로소프트의 CEO 사티아 나델라는 부임 초기 '클라우드 퍼스트' 비전을 전파하기 위해 모든 이메일과 회의의 서두에서 동일한 메시지를 반복하며 조직의 언어를 하나로 통일했다. 비전은 한 번의 선포로 완성되지 않으며, 반복이 각인을 만든다.

2) 최종목적지를 책임지는 원온원(1:1 대화)

비전 전파의 라스트 마일Last Mile, 즉 최종 목적지는 구성원과의 1:1 대화다. 경영 코치이자《Bringing Up the Boss》의 저자 레이첼 파체코가 강조하듯, 리더는 개별 면담을 통해 거시적인 비전을 그 팀원만의 성장 로드맵으로 번역해 주어야 한다. '회사가 AI 기업이 되는 과정에서, 당신의 데이터 분석 역량은 어떻게 독보적인 무기가 될 수 있는가?'를 함께 고민하는 과정이 진짜 전파다. 조직의 비전이 개인의 이야기가 되는 순간, 비로소 추진력이 생긴다.

3) 질문으로 전파하기

리더는 답을 주지 말고 질문을 던져야 한다. 리더가 "우리 비전은 이것입니다"라고 말하는 대신, "우리의 비전을 달성하기 위해 당신의 업무에서 AI를 어떻게 활용해 보고 싶습니까?"라고 물을 때 구성원의 자기 주도성이 살아난다. 질문은 비전을 구성원의 것으로 소유하게 만드는 가장 강력한 도구다. 사람들은 주어진 답보다 스스로 찾은 답에 훨씬 강하게 움직인다.

리더를 위한 실무 도구 : '비전 전파 3단계'

내일부터 당장 실천할 수 있는 비전 전파 프로세스 3단계는 다음과 같다.

1단계) 타운홀의 재구성

타운홀 미팅의 70%를 리더의 스피치가 아닌 질문에 답하는 시간으로 채워라. 익명 플랫폼을 활용해 "AI가 도입되면 내 업무가 정말 편해지나요?"와 같은 날 것의 질문을 수면 위로 끌어내고, 리더가 진솔하게 답해야 한다. 세련된 발표보다 솔직한 대화 한 번이 팀원들의 마음을 더 깊이 파고든다.

2단계) 주간회의의 비전 연결고리 찾기

모든 주간회의의 마지막 5분은 다음 질문으로 마무리하라. "오늘 우리가 논의한 업무가 우리의 5년 후 비전과 어떤 접점이 있는가?" 이 과정을 통해 비전은 먼 미래의 이야기가 아닌 오늘의 실행과제가 된다. 5분이 비전을 살아있게 만든다.

3단계) 원온원 비전 매칭

분기별 원온원 면담에서 반드시 다음 두 가지를 질문하라. 이 두 질문이 비전을 조직의 언어에서 개인의 언어로 옮겨주는 다리가 된다.

"우리 팀의 변화 방향 중 당신의 커리어 목표와 가장 일치하는 부분은 무엇인가?”

“목표를 달성하기 위해 내가 어떤 장애물을 제거해 주면 좋겠는가?”

비전 전파는 낙수효과가 아니라 모세관 현상이다

위에서 아래로 쏟아붓는 메시지는 바닥까지 닿지 못하고 증발한다. 그러나 구성원 한 사람 한 사람의 갈증을 비전과 연결할 때, 비전은 조직 전체로 자연스럽게 스며든다. AI는 대량의 메시지를 몇 초 만에 전송할 수 있지만, 팀원의 불안을 잠재우고 조직의 비전과 개인의 삶을 연결하는 1:1의 진심은 오직 리더인 당신만이 전할 수 있다.

06

말과 행동이 일치할 때 생기는 마법 :
리더의 진정성

비전을 옴니채널로 전파하고 1:1 대화로 개인화했다면, 이제 구성원들은 리더의 입이 아닌 '발'을 주목하기 시작한다. '리더인 당신은 정말 그 비전대로 살고 있는가?'라는 소리 없는 검증의 시간이 시작된 것이다. 비전이 조직의 현장이 되느냐, 아니면 공허한 메아리가 되느냐는 리더의 언행일치, 즉 진정성에 달려 있다. 소통의 기술은 사람의 귀를 열게 하지만, 리더의 일관된 행동은 사람의 마음을 움직여 행동하게 만드는 마법을 부린다.

"AI로 혁신하자면서, 왜 결재판은 예전 그대로입니까?"

국내 한 대기업의 팀장은 AI 도입을 강력히 주장하며 팀원들에게 민첩성과 자율성을 강조했다. 하지만 정작 본인은 AI가 작성한 보고서의 폰트 크기와 정렬 상태를 하나하나 지적하며 팀원들에게 야근을 시켰다. 결과는 어땠을까? 팀원들은 AI를 혁신의 도구가 아닌 업무를 늘리는 짐으로 인식했고, 팀장의 비전 선포는 비웃음의 대상이 되었다.

이것이 우리 리더십 현장의 뼈아픈 현실이다. 리더는 디지털을 말하지만 행동은 여전히 아날로그적 통제에 머물러 있다. 코넬대학교 ILR 스쿨 토니 사이먼스 교수는 이를 '행동적 성실성의 결핍'이라 부른다. 리더가 내뱉은 가치와 실제 행동 사이의 간극이 커질수록 조직의 신뢰는 기하급수적으로 파괴된다는 것이다.

리더가 언행불일치에 빠지는 이유

유능한 리더들조차 왜 언행불일치의 함정에 빠지는 걸까?

첫째, 통제권 상실에 대한 공포 때문이다. AI가 업무의 주도권을 가져가는 상황에서 리더는 무의식적으로 자신의 존재감을 증명하려 한다. 그 불안이 사소한 일에 집착하는 마이크로 매니지먼트로 표출되는 것이다. 팀원들에게는 자율을 강조하면서 정작 결재 하나에 다섯 번의 수정을 요구하는 모순이 바로 여기서 나온다.

둘째, 과거 성공방식을 정체성으로 착각하기 때문이다. 리더가 과거의 성공방식을 자신의 정체성으로 착각할 때 변화에 적응하지 못하고 위선적인 모습을 보이게 된다. 10년 전, 보고서 한 장을 세 번 읽어서 오류를 잡아냈던 그 감각, 꼼꼼한 관리로 팀을 성공시켰던 그 경험이 오히려 발목을 잡는다. 머리로는 새로운 시대에 새로운 리더십이 필요하다는 것을 알면서도, 몸은 여전히 과거의 방식에 머물러 있는 것이다.

셋째, 성과 압박의 단기적 시야 때문이다. 극심한 성과 압박은 리더로 하여금 비전이라는 장기적 약속보다 당장의 수치나 무리한 지시를 선택하게 만든다. '이번 분기만 넘기고 나서 바꾸자'는 타협이 반복되는 사이, 리더의 진정성은 조금씩 무너져 내린다.

오 팀장의 '자율성 선언'이 역효과를 낳기까지

금융서비스 기업 기업금융팀의 오 팀장은 팀 회의에서 의욕적으로 선언했다. "이번 분기부터 우리 팀은 AI를 적극 활용해 자율적으로 일하는 문화를 만들겠습니다. 툴 제한 없이 각자 판단해 써 보세요." 팀원들 표정이 밝아졌다. 오랫동안 기다리던 말이었다.

2주 뒤, 5년 차 임 대리가 AI를 활용해 작성한 신사업 기획안을 제출했다. 구성도 탄탄했고 분량도 충분했다. 하지만 오 팀장은 첫 장을 넘기다 미간을 찌푸렸다. "임 대리, 이거 AI가 쓴 거 티 나는데요. 문장이 너무 매끄럽고 구조가 전형적이에요. 다시 써와요."

그다음 주에는 박 과장의 시장분석 보고서에도 비슷한 반응이 돌아왔다. "이거 읽다 보면 AI 냄새가 나요. 우리 팀 색깔이 없어."

며칠 뒤 팀 메신저에서 임 대리와 박 과장이 따로 대화를 나누었다. "AI를 썼다고 하면 어차피 다시 하라고 하니까 그냥 처음부터 직접 쓰는 게 낫겠어." "맞아. 괜히 시간만 두 배로 드는 거야." 이 말은 팀 안에 조용히 퍼졌고, 한 달이 지나자 아무도 AI 활용 이야기를 꺼내지 않았다. 월초에 오 팀장이 선언한 자율적으로 일하는 문화는 조용히 없던 일이 되었다.

오 팀장은 분기 말 익명 설문에서 'AI를 쓰라고 하셨는데 정작 쓰면 반려하시니 기준을 모르겠습니다'라는 문구를 보고 한참을 멈춰 서 있었다. 그는 완성도를 챙긴다고 생각했지만, 팀원들 눈에는 선언만 있고 믿음은 없는 위선으로 보였다. 믿는다는 말은 결과물을 받아들이는 '태도'로 증명되는 것이다.

리더의 진정성은 '도덕'이 아니라 '전략'이다

AI 시대, 리더의 진짜 권위는 기술 지식이 아니라 예측 가능한 일관성에서 나온다. 이를 구축하기 위한 리더십 솔루션은 다음의 3가지다.

1) 진정한 북극성에 정렬하라

하버드 경영대학원 빌 조지 교수는 "진정성 있는 리더는 자신의 핵심가치인 진정한 북극성True North을 잃지 않는다"고 말한다. AI가 아무리 최적의 해답을 제시해도, 그것이 우리 팀의 철학과 윤리에 맞지 않는다면 거절할 수 있는 용기가 필요하다. 리더가 기술의 편의성보다 원칙을 선택하는 순간, 구성원은 비로소 그 비전을 믿기 시작한다.

2) 취약성을 공유하는 인간적 리더십

진정성은 완벽함을 의미하지 않는다. 리더가 자신의 부족함과 학습 과정을 솔직히 드러낼 때 비로소 신뢰의 토양이 마련된다. "나도 이 AI 툴을 배우는 게 어렵다. 하지만 함께 해보자"라고 말하는 리더의 솔직함이 화려한 연설보다 훨씬 강력하다. 약함을 보이는 용기가 오히려 조직을 하나로 묶는다.

3) 프롬프트에 철학을 담아라

AI 시대의 언행일치는 리더가 AI를 다루는 태도에서 증명된다. 구성원들에게는 AI를 쓰라고 하면서 본인은 직관만으로 의사결정을 내린다면 진정성은 사라진다. 리더가 AI 활용법을 팀원들과 투명하게 공유하고 함께 실험할 때 조직 전체의 AI 적응속도가 현저히 빨라진다. 리더 스스로 AI를 협업 파트너로 인정하고 그 결과를 투명하게 공유하는 '롤모델링'이 진정성의 증거다.

실행 과제

리더를 위한 '진정성 검토' 툴킷 : 3C 원칙

말과 행동의 언행일치를 실천하기 위한 3가지 행동지침이다.

1) Consistency(일관성) : 말의 유통기한 확인하기

매주 금요일 퇴근 전, 이번 주에 팀원들에게 강조한 가치 3가지를 적어 본다. 그리고 그 가치에 부합하는 행동을 본인이 직접 실천했는지 체크리스트를 만들어 보자. 말의 유통기한은 생각보다 짧다. 일주일마다 갱신하지 않으면 그 말은 썩는다.

"자율성을 강조했는가? 그렇다면 이번 주에 내가 직접 결정하지 않고 팀원에게 맡긴 일은 무엇인가?"

2) Courage(용기) : AI의 답에 No라고 말하기

AI가 비용 절감을 위해 인력 감축이 필요하다는 데이터를 내놓았을 때, 리더는 비전과 함께 성장하는 조직을 지키기 위해 다양한 다른 대안을 찾을 수 있어야 한다. 이 불편한 선택이 리더의 진정성을 완성한다. 기술이 내놓은 답보다 사람이 지켜야 할 원칙이 더 무거울 때가 있다.

3) Clarity(투명성) : 의사결정의 블랙박스 제거하기

AI를 활용해 내린 결정이라면 그 과정과 로직을 팀원들에게 투명하게 공개한다. 리더가 AI 활용법을 숨기지 않고 공유할 때 팀원들은 AI를 두려운 존재가 아니라 마땅히 활용해야 할 도구로 받아들이기 시작한다. 투명성은 신뢰의 또 다른 이름이다.

> **Leadership** Insight
>
> **신뢰는 깃털처럼 날아가고, 바위처럼 무겁게 쌓인다**
>
> 리더의 언행일치가 높아질 때마다 리더를 바라보는 구성원의 신뢰는 증가한다. AI 시대, 기술은 복제할 수 있지만 리더인 당신이 쌓아온 행동의 역사는 절대 복제할 수 없다. 구성원이 당신을 따르는 이유는 AI를 잘 다뤄서가 아니다. 당신이 한 약속을 끝까지 지키는 '진짜 리더'이기 때문이다.

Part
2

AI를 두려워 말고 비서처럼 똑똑하게 부려라

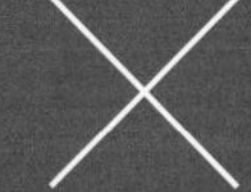

디지털 리터러시와 전략적 사고

01

리더에게 딱 필요한 만큼의
AI 지식

AI 시대 리더가 왜 조직의 나침반이 되어야 하는지, 그리고 어떻게 구성원들에게 의미를 부여해야 하는지를 살펴봤다. 하지만 훌륭한 비전만으로는 부족하다. 나침반이 가리키는 방향이 실제 어떤 지형인지, 우리가 탄 배가 어떤 엔진으로 움직이는지 모르는 선장은 결국 암초에 부딪히기 마련이다. 이제 리더는 기술이라는 도구를 다루는 최소한의 안목, 즉 디지털 리터러시Digital Literacy를 갖춰야 한다. 거창한 기술자가 되라는 말이 아니다. 리더의 결정이 기술적으로 실현 가능한지, 그리고 그 결과가 조직에 어떤 파장을 몰고 올지 판단할 수 있는 전략적 지식이 필요할 뿐이다.

"코딩 공부를 시작해야 할까요, 아니면 팀원에게 다 맡길까요?"

현장에서 리더들을 만나면 많이 받는 질문 중 하나가 "제가 파이썬Python이라도 배워야 할까요?"라는 것이다. 반대로 어떤 리더는 "우리 팀 막내가 챗GPT로 보고서를 잘 뽑아오던데, 그거면 된 거 아닙니까?"라며 안도한다. 또 다른 리더는 "나는 문과라 그런 거 모릅니다. 실무자가 알아서 잘하겠죠"라며 기술을 블랙박스 안에 가둬 둔다.

하지만 세 가지 태도 모두 위험하다. 리더가 기술의 세부사항을 모두 알 필요는 없지만, 작동원리에 대한 30%의 이해는 필수다. 그리고 단순히 아는 것을 넘어 직접 써봐야 한다. 수영 교본을 백 번 읽는 것보다 물에 한 번 몸을 던지는 게 낫듯이, AI 리터러시는 리더의 손끝에서 완성된다.

리더가 직접 AI를 써보지 않을 때 발생하는 가장 큰 리스크는 '안목의 실종'이다. 직접 도구를 써 본 리더만이 AI가 주는 답의 뉘앙스를 이해하고, 어떤 질문이 조직의 성과를 바꾸는 결정적 프롬프트가 되는지 알 수 있다. 직접 써보지 않은 리더는 AI라는 고성능 스포츠카를 뒷좌석에서 구경만 하는 승객일 뿐, 결코 경주를 승리로 이끄는 드라이버가 될 수 없다.

리더의 디지털 문해력 결핍이 부르는 참사

왜 리더에게 최소한의 AI 지식이 생존의 문제가 되었는가?

첫째, AI의 한계를 모르는 리더는 무리한 목표를 설정한다. 기술이 할 수 있는 것과 할 수 없는 것의 경계를 모르니 실무팀에게 불가능한 과제를 던지고, 결과가 나오지 않으면 팀의 역량을 탓한다. 결국 조직의 자원이 허공으로 날아가는 것이다.

둘째, 리더가 AI 언어를 이해하지 못하면 현장의 데이터가 전략적 가치로 번역되지 못하고 증발한다. 실무자가 '모델 정확도가 87%입니다'라고 보고하는데, 리더는 그 수치가 무엇을 의미하는지 판단하지 못한다. 그 결과 데이터 사일로Data Silo가 생기고 소통이 단절된다.

셋째, 리더의 무지는 AI를 감시와 통제의 도구로 전락시킨다. 리더가 AI를 이해하지 못하면 불안해하고, 불안한 리더는 AI를 구성원을 관리하는 수단으로 쓰기 쉽다. 그 순간 구성원들의 저항이 시작된다.

현장 사례

박 이사의 'AI는 다 똑같아'라는 착각이 부른 낭비

금융기관 디지털전략팀의 박 이사는 AI 도입 논의가 나오자 "챗GPT로 통일합시다. 다들 거기에 물어보세요"라고 명확히 지시했다. 처음 두 달은 별 문제가 없어 보였다.

하지만 균열은 조용히 시작됐다. 시장조사 업무를 맡은 송 과장은 챗GPT가 내놓는 시장 수치의 출처가 불안해 일일이 검색으로 팩트 체크를 해야 했다. AI를 쓰는데 오히려 시간이 더 걸렸다.

어느 날, 박 이사가 경쟁사 동향 분석을 급하게 요청했다. 송 과장은 퍼플렉시티로 실시간 뉴스와 출처를 확보하고, 제미나이로 이메일 초안을 작성했다. 평소 3시간 걸리던 작업이 1시간 만에 끝났다. "이거 평소보다 훨씬 빠르게 나왔네요. 어떻게 한 거예요?" 송 과장은 조심스럽게 "퍼플렉시티와 제미나이를 같이 썼어요. 챗GPT는 출처 확인이 안 되는 경우가 많아서요"라고 고백했다. 나중에 알고 보니 많은 팀원들이 각자 필요에 따라 다른 AI 도구를 병행하고 있었다. 임원의 지시가 있으니 티를 안 냈을 뿐이었다.

박 이사는 다음 회의에서 "앞으로는 업무 성격에 맞게 툴을 골라 쓰세요. 대신 이유만 공유해 주면 됩니다"라고 공표했다. AI는 다 똑같지 않았고, 현장에서 그걸 가장 먼저 아는 사람은 언제나 실무자였다.

리더의 무기가 되는 AI 4대 도구

AI 도구를 다루는 것은 성향이 다른 여러 명의 똑똑한 인턴을 관리하는 것과 같다. 인턴마다 전공과 성향이 다르듯, 현재 시장을 주도하는 AI 도구는 각기 다른 비즈니스 맥락을 가지고 있다. 각 도구는 태생부터 서로 다른 철학과 목적을 가지고 만들어졌다.

1) 챗GPT OpenAI : 조직의 다재다능한 '브레인스토밍 파트너'

챗GPT는 현재 가장 범용적이고 논리적인 도구다. 리더는 이를 사고의 확장에 써야 한다. 새로운 프로젝트를 시작할 때 "이 사업의 예상되는 리스크 10가지를 반대론자의 입장에서 말해 줘"라고 질문해 보자. 리더의 확증편향을 깨는 강력한 악마의 대변인 역할을 수행해 줄 것이다.

2) 제미나이_{Google} : 구글 생태계의 '스마트 비서'

제미나이의 강점은 강력한 멀티모달과 구글 연동성이다. 구글 워크스페이스를 쓰는 조직이라면 이메일, 캘린더, 드라이브의 방대한 정보를 요약하고 연동하는 데 최적이다. "지난 한 달간의 메일 내용을 바탕으로 우리 팀의 소통 이슈를 정리해 줘"와 같은 지시는 리더의 관리 부하를 획기적으로 줄여 준다.

3) 클로드_{Anthropic} : 인문학적 깊이를 가진 '전략 작가'

클로드는 자연스러운 문체가 강점이다. 비전 선언문이나 전사 메시지를 작성할 때 사용해 보자. "이 메시지가 직원들에게 공포가 아닌 희망으로 읽히도록 감성을 담아 수정해 줘"라고 요청하면, 챗GPT보다 훨씬 인간적이고 세밀한 언어를 제안한다.

4) 퍼플렉시티 : 데이터 기반의 '리서치 전문가'

퍼플렉시티는 '검색의 미래'다. 할루시네이션(환각)을 극도로 경계해야 하는 시장분석이나 경쟁사 조사를 할 때 활용해 보자. 모든 답변에 근거(출처)를 제시하므로, 리더는 팩트 체크 시간을 절반 이하로 단축할 수 있다.

실행 과제

리더를 위한 통합 실천 가이드

리더가 AI 리터러시를 완성하기 위한 단계별 액션플랜이다.

1단계) 'So What' 질문과 직접 대화 시작하기

실무자가 AI 도입을 보고할 때 "어떤 툴을 썼는가?"가 아니라 "이 기술이 고객의 어려움을 어떻게 해결하며, 리스크는 무엇인가?"를 물어라. 그리고 매일 아침 챗GPT나 제미나이에게 회의의 아젠다에 대해 질문해 보라. AI의 답변 패턴을 경험하는 것만으로도 리터러시는 급상승한다.

2단계) 도구별 전담업무 배정하기

리더의 주간업무 중 3가지를 골라 각기 다른 AI 도구에 맡겨보라. 시장조사는 퍼플렉시티, 팀원 면담 준비는 클로드, 아이디어 회의록 요약은 챗GPT에게 시켜보는 것이다. 이 과정을 통해 리더는 각 도구의 '결'을 몸소 느끼게 된다.

3단계) 직접 프롬프트를 작성하고 한계 파악하기

팀원에게 시키지 말고, 리더가 직접 AI와 1:1로 대화하며 질문을 수정해 보라. 리더가 기술과 직접 상호작용할 때 비로소 그 기술이 조직에 어떤 가치를 줄지 통찰이 생긴다. 동시에 '이 부분은 AI가 여전히 엉터리군' 하는 지점을 메모하라. 이 메모가 팀원들에게 AI 활용 가이드를 줄 때 가장 강력한 실전적 권위가 된다.

최고의 지휘자는 모든 악기를 다룰 줄 알아야 한다

기술을 모르는 리더는 눈먼 지휘자와 같다. AI 시대, 당신의 권위는 "나는 다 안다"는 오만이 아니라, "내가 직접 써보니 이런 강점과 함정이 있더라"는 경험적 진실에서 나온다. AI 시대, 리더의 경쟁력은 코딩 실력이 아니라, AI가 내놓은 수만 개의 확률 사이에서 가치 있는 단 하나의 방향을 선택하는 통찰력에 있다.

챗GPT, 제미나이, 클로드, 퍼플렉시티 같은 AI는 당신의 경쟁자가 아니다. 당신의 비전을 현실로 만들어 줄 가장 똑똑한 디지털 드림팀이다. 오늘 당장 그들의 이름을 부르고 대화를 시작하라.

02

데이터로 읽고
생각하고 결정하는 법

우리가 챗GPT나 클로드 같은 AI 도구의 핸들을 직접 잡고 파도를 넘는 법을 익혔다면, 이제는 그 도구들이 대시보드에 띄워주는 수많은 숫자와 신호를 읽어낼 차례다. 도구를 쓸 줄 안다고 해서 리더십이 완성되는 것은 아니다. AI가 쏟아내는 방대한 데이터 속에서 무엇이 노이즈이고 무엇이 핵심신호인지 가려내어, 조직의 운명을 결정하는 판단으로 연결하는 능력, 그것이 바로 AI 시대 리더의 진짜 실력인 '데이터 리터러시'다.

"데이터는 넘쳐나는데, 왜 결정은 여전히 감感으로 합니까?"

우리나라 대기업 회의실에서 흔히 볼 수 있는 풍경이 있다. 화려한 그래프와 수치로 가득 찬 수십 페이지의 보고서가 올라오지만, 최종 결정은 결국 리더의 한마디로 정해진다. "내 경험상 이건 안 돼." "이 숫자는 좀 이상한데, 다시 뽑아와 봐."

이것이 우리 리더십 현장의 '데이터 역설'이다. 리더들은 데이터를 신뢰한다고 말하지만, 실제로는 자신의 직관을 뒷받침할 근거자료로만 소비한다. 데이터가 리더의 생각을 바꾸는 것이 아니라, 리더의 생각에 데이터를 끼워 맞추는 격이다. 〈하버드비즈니스리뷰HBR〉에 따르면, 데이터 기반 의사결정을 한다고 주장하는 기업 중 실제로 데이터에 따라 기존 전략을 수정한 경험이 있는 리더는 25%에 불과하다. 나머지는 여전히 데이터라는 껍데기를 쓴 채 경험의 감옥에 갇혀 있다.

시스템 1의 유혹과 '확증편향'

왜 리더들은 데이터 앞에서 정직해지지 못할까?

첫째, 인간의 뇌는 직관적 사고에 지배당하기 때문이다. 노벨경제학상 수상자인 심리학자 대니얼 카너먼은 인간의 사고를 두 가지로 나눈다. 빠르고 직관적인 시스템 1과 느리고 논리적인 시스템 2다. 바쁜 리더들은 본능적으로 시스템 1에 의존한다. 데이터는 복잡하고 피곤한 시스템 2의 가동을 요구하기 때문이다.

둘째, 리더는 자신이 이미 내린 결론을 지지하는 데이터만 선택적으로 수용하는 확증편향Confirmation Bias에 빠져 있기 때문이다. AI가 반대되는 데이터를 내놓아도 알고리즘이 잘못되었다며 무시하기 일쑤다. 데이터로 생각을 검증하는 것이 아니라, 생각을 정당화하는 데 데이터를 동원하는 것이다.

셋째, 숫자는 그 자체로 답을 주지 않기 때문이다. 하버드비즈니스스쿨의 스테판 톰케 교수는 "리더들이 데이터의 상관관계를 인과관계로 착각할 때 치명적인 전략 오류가 발생한다"고 경고한다. 데이터는 맥락 없이는 의미가 없지만, 리더들은 숫자만 보고 성급하게 결론을 내리곤 한다.

장 상무의 '95% 만족도'가 숨긴 진실

유통기업 리테일사업부의 장 상무는 데이터를 중시하는 임원이다. 3분기 고객만족도 조사결과를 보던 그의 눈이 한 항목에서 멈췄다. '매장 환경 만족도 95%'. 그는 즉시 "95%야. 우리 전략이 제대로 먹히고 있어. 이 방식을 전국 매장에 바로 확대합시다"라고 지시했다.

한 달 뒤 전국 200개 매장에 동일한 운영방식이 적용됐다. 인테리어 기준을 높이고, 청결 관리 인력을 늘렸다. 하지만 3개월이 지나자 매출이 전 분기 대비 5%나 떨어졌다. 장 상무는 만족도가 95%인데 매출이 왜 빠지는지 이해할 수 없었다.

그는 데이터를 다시 들여다봤다. 모든 항목을 펼쳐보니 그제야 보이지 않던 것들이 눈에 들어왔다. 95%는 '매장이 깨끗하고 쾌적하다'는 항목 하나였다. 나머지는 '원하는 제품을 찾을 수 있다(64%)' '가격이 합리적이다(61%)' '재방문 의향이 있다(58%)' 등 처참했다. 고객들은 매장은 깨끗하지만 살 게 없다고 느끼고 있었다.

3개월 전 장 상무가 본 숫자는 틀리지 않았지만, 그 숫자는 전체의 일부였고, 그는 그 일부를 전체로 착각했다. 좋은 숫자 하나가 눈에 들어오는 순간, 나머지를 확인하지 않은 것이다. 그는 팀장 회의에서 "앞으로는 안 좋은 숫자부터 먼저 보고하세요. 좋은 건 나중에 봐도 됩니다"라고 전달했다. 데이터를 본다는 것은 좋은 숫자를 찾는 게 아니라, 불편한 숫자를 먼저 읽는 것이라는 걸 매출 하락이 가르쳐 주었다.

과학자처럼 행동하라

AI가 분석을 대신해 주는 시대, 리더의 역할은 분석가가 아니라 과학적 의사결정자가 되는 것이다. 이를 위해 다음의 3단계 사고 모델을 갖춰야 한다.

1) 가설로 시작하고 증거로 답하라

뛰어난 리더는 기존 가정에 끊임없이 의문을 제기하고 증거를 따른다. '이 사업은 성공할 것이다'라고 단정 짓지 말고, '만약 A라는 조건이 충족된다면 성공할 것인데, 데이터가 이를 증명하는가?'라는 가설 검증의 프로세스를 도입해야 한다.

2) 시스템 2를 강제로 가동하라

데이터를 볼 때는 의도적으로 결정을 늦춰야 한다. 카너먼 교수가 말한 시스템 2 사고를 활성화하기 위해, AI가 준 결과물에 대해 반드시 '이 데이터가 틀렸을 가능성은 무엇인가?' 혹은' 데이터가 놓치고 있는 현장의 맥락은 무엇인가?'를 자문해야 한다.

3) 실험을 경영의 핵심으로 삼아라

구글과 아마존의 리더들은 데이터 리터러시를 '실험정신'으로 정의한다. 거창한 데이터 분석보다 작은 A/B 테스트(실험)를 통해 고객의 실제 반응을 확인하는 것이 더 정확하기 때문이다. 리더는 "내 생각은 이렇다"고 말하는 대신 "데이터를 확인하기 위해 어떤 실험을 해봤는가?"라고 물어야 한다.

실행 과제

리더를 위한 데이터 기반 결정 툴킷

보고서를 받거나 대시보드를 볼 때, 적용할 3가지 행동지침을 제안한다.

1) 직관과 데이터의 균형 잡기

무조건 데이터를 따르라는 것이 아니다. 직관을 무시하지 않되, 데이터로 그 직관을 끊임없이 보정해야 한다. "나의 직관은 A라고 말하지만, 데이터가 B라고 한다면 나는 어떤 근거로 내 직관을 고수할 것인가?"라고 스스로 물어라.

2) 데이터의 출처와 로직 질문하기

AI가 내놓은 결론만 보지 말자. "이 데이터는 어떤 샘플에서 추출되었는가?" "AI가 이 결론을 도출하기 위해 사용한 핵심변수는 무엇인가?" 이런 질문을 던질 때 팀원들은 리더가 데이터의 본질을 정확히 알고 있음을 깨닫고 긴장하게 된다.

3) 실패를 데이터로 축적하기

잘못된 결정도 귀중한 데이터다. 실패를 지적자산으로 전환하는 것이 중요하다. 왜 실패했는가를 비난하는 대신, 이 실패 데이터가 다음 의사결정의 성공 확률을 얼마나 높여주었는가를 확인하는 것이 중요하다.

데이터는 리더의 갑옷이 되어서는 안 된다

가장 위험한 리더는 데이터로 자신의 실수를 가리는 리더이다. 데이터는 당신의 '옳음'을 증명하기 위한 무기가 아니라, 당신의 사각지대를 비춰주는 거울이다. AI 시대, 당신의 진짜 권위는 모든 것을 아는 척하는 오만이 아니라, 데이터 앞에서 '내가 틀릴 수 있다'고 인정하고 증거에 따라 방향을 수정할 수 있는 인지적 겸손에서 나온다.

03

AI에게 맡길 것, 내가 할 것 구분하기

데이터를 읽고 과학적으로 결정하는 사고의 틀을 갖췄다면, 이제 리더는 업무 현장에 제대로 적용해야 한다. 모든 업무를 리더가 직접 할 수도 없고, 그렇다고 모든 것을 AI에게 맡길 수도 없다. 무분별한 AI 도입은 조직의 정체성을 흐리고, 반대로 과도한 수작업은 조직의 속도를 늦춘다. 이제 리더에게 필요한 것은 어떤 업무가 AI의 영토이고, 어떤 업무가 인간 리더의 성역인지 가려내는 전략적 분업의 안목이다.

"AI가 다 해주는데, 이제 리더는 뭘 해야 하죠?"

"AI가 기획안 초안을 1분 만에 뽑아냅니다. 데이터 분석도 순식간이죠. 그러다 보니 제가 할 일이 없어진 것 같아 허탈하기도 하고, 한편으로는 AI가 내린 결론을 그대로 믿어도 될지 불안합니다.” 최근 기업 교육 현장에서 한 팀장이 털어놓은 고백이다.

이것은 비단 한 개인만의 고민이 아니다. 많은 리더가 AI를 보조도구로 쓸지, 대체자로 인정할지 갈팡질팡하고 있다. 리더가 업무의 성격을 구분하지 못하고 무작정 AI를 도입하면, 생산성은 일시적으로 오르는 듯 보이지만 조직의 비판적 사고 능력과 차별적 가치는 급격히 퇴보하고 만다.

‘예측’과 ‘판단’의 혼동

왜 리더들은 AI에게 무엇을 맡기고 무엇을 직접 해야 할지 혼란스러워하는 걸까?

첫째, 예측과 판단을 구분하지 못하기 때문이다. 토론토대학교 경영대학원 아제이 아그라왈 교수는 AI의 본질을 ‘저렴해진 예측’으로 정의한다. 과거 데이터를 바탕으로 미래를 추론하는 것, 즉 예측의 영역에서 AI는 압도적으로 강하다. 하지만 그 예측값을 바탕으로 어떤 가치를 선택할 것인지는 판단의 영역이다. AI는 수치적으로는 최적의 답을 주지만, 그것이 우리 조직의 철학에 맞는지, 팀원의 사기를 꺾지는 않는지 판단하지 못한다.

둘째, AI의 좁은 지능의 한계를 이해하지 못하기 때문이다. 스탠퍼드대학교 에릭 브린욜프슨 교수는 ‘AI가 좁은 지능에 갇혀 있음’을 지적한다. AI는 특정 과업은 잘하지만, 여러 부서 간의 복잡한 정치적 이해관계나 고객의 미묘한 감정 변화라는 전체 맥락을 읽어내지 못한다는 것이다. 이 맥락을 읽고 연결하는 것이 바로 리더의 진짜 일이다.

셋째, 인간만이 할 수 있는 가치 판단의 영역을 명확히 인식하지 못하기 때문이다. AI는 '무엇이 효율적인가'는 답할 수 있지만, '무엇이 옳은가'는 답하지 못한다. 조직의 철학, 팀원의 감정, 장기적 가치와 단기적 이익 사이의 선택 – 이것이 바로 인간 리더만이 할 수 있는 성역이다.

김 부장의 AI 의존 함정에서 깨어나기까지

중견 IT 기업 고객솔루션팀의 김 부장은 팀 내에서 'AI 전도사'로 통한다. 보고서 초안부터 이메일 답장, 회의록 요약까지 AI 도구를 적극 활용했다. 처음 몇 달은 업무 효율이 눈에 띄게 올라 매우 뿌듯해했다.

그러던 어느 날, 영업담당 류 과장이 찾아왔다. "부장님, D사에서 계약 갱신을 하지 않겠다고 연락이 왔습니다. 이미 타사와 협의가 끝났다고 합니다." 김 부장은 당황했다. 최근 확인한 고객만족도 데이터에서 D사는 특별한 이상신호가 없었기 때문이었다.

사실 류 과장은 두 달 전부터 D사 담당자와 미팅을 할 때마다 뭔가 분위기가 심상치 않다는 걸 느끼고, 'D사 담당자 최근 반응 다소 소극적, 이탈 가능성 모니터링 필요'라고 보고서에 넣었다. 하지만 김 부장이 AI 요약 툴로 보고서를 읽는 동안, '다소 소극적'이라는 류 과장의 주관적이지만 결정적인 신호가 수치 중심의 요약 과정에서 빠져 있었다.

류 과장과 관련 내용을 논의하면서 두 달 전 보고서 이야기가 나왔다. "제가 분명히 적었는데, 부장님께 전달이 안 됐나 봐요. 요즘 부장님이 보고서를 직접 안 읽으신다는 느낌이 들었어요." 옆에 있던 임 차장도 "저도 고객 미팅 후에 느낌 같은 건 보고서에 잘 안 적게 됐어요. 어차피 숫자 아닌 건 요약에서 빠지더라고요" 라고 덧붙였다.

김 부장은 뼈아프게 깨달았다. AI는 데이터를 잘 읽지만, 사람을 통해 느껴지는 '공기의 변화'는 읽지 못한다는 것을 말이다. 그날 이후 김 부장은 AI 요약본은 참고만 할 뿐, 팀원들의 보고서 원문을 직접 읽고 대면보고 시간을 늘렸다.

80/20 법칙의 재구성

리더는 AI와 협업할 때 다음의 직무 재설계 프레임워크를 적용해야 한다.

1) AI에게 넘겨줄 80% : 기계적 효율의 영역

- 초안 작성 및 요약 : 보고서 초안, 회의록 정리, 방대한 시장조사 자료 요약
- 패턴 인식 : 고객 데이터에서 이탈징후 포착, 재무제표의 이상 신호 감지
- 반복적 행정 : 일정 조정, 표준화된 이메일 답장, 단순 번역

2) 리더가 쥐어야 할 20% : 인간적 탁월함의 영역

- 최종 의사결정과 책임 : AI는 결과에 책임지지 않는다. 최종 승인 버튼을 누르는 것은 오직 리더의 몫이다.
- 정서적 공감과 코칭 : 팀원의 번아웃을 감지하고 진심 어린 위로를 건네는 것, 갈등을 중재하는 것은 오직 리더만이 할 수 있다. AI는 공감하는 척할 수는 있지만, 진짜 공감할 수는 없다.
- 가치와 철학의 수호 : 기술적으로는 효율적이라도, 윤리적으로 옳지 않다면 멈출 수 있는 브레이크 역할이다.

리더를 위한 '업무 다이어트' 3단계

내일부터 자신의 업무 리스트를 펼쳐놓고 다음 과정을 수행해 보자.

1단계) AI 위임 가능성 평가

현재 수행하는 업무 중 반복적이고 데이터 기반이며 오류가 치명적이지 않은 초안 작업이 무엇인지 골라내라. 그 업무는 내일부터 AI에게 맡기고 리더는 '검토자'로 물러나야 한다.

2단계) 인간 고유가치에 집중

AI 덕분에 확보된 시간을 어디에 쓸지 결정하라. 팀원과의 원온원(1:1) 면담, 조직문화 개선, 미래 먹거리를 위한 창의적 발상에 그 시간을 재투자해야 한다.

3단계) 프롬프트 리더십 발휘

AI에게 일을 맡길 때 리더는 최고의 지시자가 되어야 한다. "이 데이터를 분석해 줘"가 아니라, "우리 회사의 '고객중심 가치'를 훼손하지 않는 범위 내에서 비용절감 방안 3가지를 제안해 줘"라고 철학이 담긴 지시를 내려라.

> **Leadership** | Insight
>
> **AI는 업무를 뺏으러 온 것이 아니라, 당신을 해방시키러 왔다**
>
> AI와 경쟁하는 리더는 지고, AI를 활용하는 리더는 이긴다. AI 시대, 리더의 가치는 일의 양이 아니라, AI가 대신할 수 없는 판단과 관계를 만드는 데 있다. 기계적인 일은 기계에게 주어라. 당신은 사람을 살리고 비전을 세우는 진짜 리더의 일에만 집중하라.

04

어디에 AI를 쓰고,
어디서 멈출 것인가

AI에게 맡길 일과 내가 할 일을 구분하는 것이 효율을 위한 선택이었다면, 이제는 어디서 AI를 멈추게 할 것인지 그 경계를 정해야 한다. 이는 단순히 업무를 배분하는 차원을 넘어, 조직의 영혼과 직결되는 가치 판단의 문제다. 속도와 효율이 지배하는 AI 시대에 리더가 적절한 지점에서 브레이크를 밟지 못하면, 조직은 성과를 얻는 대신 신뢰와 윤리를 잃게 된다. 유능한 선장은 엔진의 출력을 높이는 법만큼이나, 암초 앞에서 배를 멈추는 법을 정확히 알고 있어야 한다.

"효율적인 AI가 내린 결정인데, 무엇이 문제입니까?"

최근 미국의 한 대형 물류기업에서 AI 알고리즘을 활용해 생산성이 낮은 직원들을 자동으로 분류하고 해고 통보를 보내 논란이 되었다. 기술적으로는 완벽한 데이터 기반의 효율적 결정이었지만, 결과는 처참했다. 조직 내 심리적 안전감은 붕괴되었고, 숙련된 인재들은 언제든 기계로 대체될 수 있다는 공포에 질려 회사를 떠났다.

이것이 바로 경계가 없는 AI 도입이 부르는 참극이다. 리더들은 흔히 "AI가 더 정확하고 객관적이지 않느냐"고 묻는다. 하지만 하버드비즈니스스쿨 세달 닐리 교수는 "기술이 비즈니스의 모든 구석에 침투할 때, 리더가 인간적 존엄성과 전략적 모호성을 지키는 최후의 보루가 되지 못하면 그 리더십은 소멸한다"고 경고한다. 어디까지가 AI의 영토이고, 어디서부터가 리더의 성역인지 정하지 못한 리더는 결국 알고리즘의 하수인으로 전락하고 만다.

효율성의 함정과 '윤리적 근시안'

리더들은 왜 AI를 멈춰야 할 지점을 놓치는 걸까?

첫째, 성과만을 중요하게 생각하기 때문이다. 옥스퍼드대학교 제임스 매니카 교수는 "리더들이 비용 절감이라는 단기적 유혹에 빠져 장기적인 신뢰를 갉아먹는 결정을 내린다"고 지적한다. 효율성의 숫자는 눈에 잘 보이지만, 그 뒤에 무너지는 신뢰와 인간관계는 데이터로 포착되지 않는다.

둘째, 결정의 책임을 알고리즘 뒤로 숨기고 싶어 하는 무의식이 작동하기 때문이다. "AI 분석 결과가 이렇다"는 말은 리더에게 어려운 결정을 내려야 하는 심리적 중압감에서 벗어나게 해주는 도

피처가 된다.

셋째, 인간이 가진 진정한 본질을 파악하지 못하고 있기 때문이다. AI가 데이터의 상관관계는 읽지만, 그 이면에 숨겨진 인간적 맥락과 문화적 뉘앙스는 읽지 못한다는 사실을 리더들이 간과하고 있다. 숫자는 명확하지만, 그 숫자 뒤의 사람은 보지 못하는 것이다.

박 대표의 'AI 효율화'가 조직을 무너뜨린 6개월

중견 제조업체 박 대표는 올해 초 "이제 데이터로 사람을 관리합시다"라고 선언하며, AI 기반 인력관리시스템을 도입했다. 직원의 일별 생산량, 작업속도, 불량률을 실시간으로 집계해 매주 하위 10%에게 자동으로 '성과개선 요청' 알림을 보내는 방식이었다. 처음 3개월은 평균 생산성이 15%나 올랐다.

하지만 현장의 분위기는 달랐다. 생산라인의 노 차장은 월요일 아침 "지난주 귀하의 생산성 지표는 하위 12%입니다"라는 알림을 받았다. 그 주에 노 차장은 신입직원들의 안전교육을 직접 맡아 자신의 라인 속도를 늦췄는데, 시스템은 그 맥락을 알지 못했다.

6개월이 지난 어느 금요일, 박 대표 책상에 노 차장의 사직서가 올라왔다. 박 대표는 직접 면담을 요청했다. "15년 동안 이 회사 라인에서 살았습니다. 후배들 다치지 말라고 제 속도 줄여가며 옆에 붙어 있었는데, 시스템은 그걸 낙제점으로 매기더라고요. 제가 부품인지 사람인지 모르겠어서요."

박 대표는 깨달았다. 대시보드의 숫자는 깔끔했지만, 그 숫자 어디에도 노 차장이 보낸 헌신의 시간은 담겨 있지 않았다. 박 대표는 즉시 자동경고시스템을 껐다. 대신 팀장이 직접 면담해 숫자가 낮은 이유를 먼저 듣고 맥락을 파악하는 구조로 바꿨다. AI는 측정을 잘하지만, 무엇을 측정하고 어떻게 읽을지는 오직 사람만이 결정할 수 있기 때문이다.

리더의 '전략적 레드라인' 프레임워크

리더는 조직의 지속가능성을 위해 다음의 3가지 영역에서 AI를 멈추고 직접 개입해야 한다.

1) 최종 책임이 따르는 인사와 상벌의 영역

직원의 채용, 평가, 그리고 해고와 같은 중대한 인사 결정에서 AI는 오직 참고자료여야 한다. 밥슨 칼리지 토마스 다벤포트 교수는 "알고리즘은 인간의 삶을 숫자로 치환하지만, 리더는 그 숫자를 삶으로 복원해야 한다"고 강조한다. 인간의 운명을 기계에 맡기는 순간, 조직원들은 더 이상 리더를 따르지 않는다.

2) 사회적 가치와 윤리적 판단의 영역

AI는 이익 극대화는 알지만, 무엇이 옳은지는 모른다. 데이터가 특정 계층에 편향되어 있거나, 단기적 이익을 위해 환경과 상생을 해치는 결론을 내놓을 때 리더는 즉시 AI를 멈춰야 한다. 리더의 존재 이유는 기술이 주는 정답에 의문을 제기하고, 공동체의 가치를 수호하는 데 있다.

3) 비전의 전환과 창조적 파괴의 영역

과거 데이터를 기반으로 학습하는 AI는 기존 항로를 개선하는 데는 탁월하지만, 새로운 대륙을 발견하거나 항로를 통째로 바꾸는 결정은 내리지 못한다. 조직의 비전을 전면 수정하거나, 기존 사업을 접고 완전히 새로운 분야로 뛰어드는 전략적 피벗은 오직 리더의 직관과 결단력이 필요한 성역이다.

실행 과제

리더를 위한 AI 경계 설정 3단계

리더가 현장에서 실천해야 할 룰은 다음과 같다.

1단계) 'AI 금지구역' 선포

팀원들과 함께 AI에게 전권을 주지 않을 업무 리스트를 작성하라. 예를 들어 '팀원 면담 기록 작성' '고객과의 신뢰가 걸린 보상 문제' '핵심 전략 기획의 최종 의사결정' 등이 여기에 해당한다.

2단계) 인간 개입 프로세스 의무화

AI의 분석 결과가 나온 뒤, 반드시 리더와 구성원이 모여 '이 결과가 우리의 핵심가치와 충돌하지 않는가?'를 토론하는 단계를 의사결정 프로세스에 강제로 삽입하라.

3단계) 윤리적 상상력 훈련

하버드비즈니스스쿨 조셉 바다라코 교수가 제안한 '조용한 리더십'의 관점에서 질문하라. "이 AI 기반 결정이 내일 아침 신문 1면에 난다면, 나는 부끄러움 없이 팀원들의 눈을 마주칠 수 있는가?"

AI는 길을 찾지만, 리더는 멈춰야 할 곳을 정한다

가장 위험한 리더는 AI를 전혀 안 쓰는 리더가 아니라, 어디서 멈춰야 할지 모르는 리더이다. AI가 모든 답을 주는 것처럼 보이는 시대일수록, 리더의 진짜 권위는 기술이 내놓은 가장 효율적인 답을 거부하고 가장 가치 있는 길을 선택하는 용기에서 나온다. 엑셀의 수식보다 소중한 것은 리더인 당신의 양심과 철학이다.

05

AI의 함정 피하기 :
편향, 오류, 환각 대응법

'전략적 레드라인'을 설정했다면, 이제는 그 영토 안에서 벌어지는 교묘한 함정들을 직시할 차례다. AI는 리더의 업무를 놀랍도록 가볍게 만들어 주지만, 그 편리함 뒤에는 '확률'이라는 이름 아래 조용히 숨어 있는 오류가 함께 따라온다. 리더가 AI의 매끄러운 언어에 속아 그 함정을 보지 못하는 순간, 레드라인은 허물어지고 조직은 잘못된 데이터에 이끌려 낭떠러지 끝으로 내몰린다.

이제 리더는 AI의 결과물을 최종 검수하는 비판적 파수꾼이 되어야 한다. AI를 활용하되, 결코 그것에 끌려다니지 않는 리더십이 필요하다.

"AI가 준 완벽한 보고서, 그대로 믿어도 될까?"

한 중견기업의 기획팀장은 챗GPT가 만들어 준 시장분석 보고서를 보고 탄성을 질렀다. 문장은 막힘이 없었고, 수치는 구체적이었으며, 논리는 칼같이 정연했다. 이 보고서를 가지고 자신 있게 임원 보고를 시작했지만, 회의실은 금세 싸늘해졌다. 보고서에 인용된 통계가 실제로는 존재하지 않는 가공의 숫자였던 것이다.

이것은 단순한 실수가 아니다. 리더가 AI를 진리 기계로 착각할 때 조직 전체가 치르는 대가다. AI는 매우 유능하지만 천연덕스럽게 거짓말을 하는 능청스러운 달변가와 같다. AI의 결과물을 아무 검증 없이 수용하는 순간, 조직의 의사결정 체계는 조용히 오염되기 시작한다.

사실의 왜곡과 '확률의 덫'

AI는 왜 이토록 그럴듯한 거짓을 만들어 낼까?

첫째, AI는 사실이 아니라 '확률'을 말하기 때문이다. 뉴욕대학교 심리학·신경과학 게리 마커스 교수는 "AI는 애초에 '참'과 '거짓'을 구별하는 능력이 없다"고 설명한다. 거대언어모델LLM은 그저 다음에 올 단어를 확률적으로 예측할 뿐이다. 논리적으로 들리지만 사실관계는 완전히 어긋난, 그럴듯한 오답이 쏟아지는 이유가 여기에 있다.

둘째, AI는 데이터 속 편견을 그대로 학습하기 때문이다. AI는 인터넷 전체를 학습하다 보니 거대한 데이터 속에 녹아있는 인종·성별·문화적 편견이 AI의 결과물에 고스란히 스며든다. 채용 추천이든, 고객 분류든, 마케팅 전략이든 리더가 이 편향의 필터를 거르지 못하면 조직 안에 차별과 불공정의 씨앗이 뿌려진다.

셋째, AI는 자신의 판단 근거를 설명하지 못하기 때문이다. AI는 왜 그런 결론을 내렸는지 스스로 설명하지 못한다. 이른바 블랙박스 문제다. 물론 검색한 결과 링크를 보여주는 AI도 있기는 하지만, 많은 부분이 어떤 과정을 거쳐 그 답이 나왔는지 추적이 불가능하다. 이 불투명성은 리더로 하여금 결과물을 비판적으로 바라보는 시선을 흐리게 만든다. AI의 답이 그럴듯해 보일수록 우리의 의심은 더 빠르게 허물어진다.

박 본부장의 흔들린 자신감

대기업 인사본부의 박 본부장은 상반기 채용을 앞두고 AI 채용분석 툴을 본격 도입했다. 수백 장의 이력서를 데이터 기반으로 추리면 시간도 줄고 객관성도 높아질 거라고 생각했다.

AI가 내놓은 직군별 추천 리스트는 후보자마다 역량 점수, 경력 매칭률, 조직 적합도 예측값이 깔끔하게 정리돼 있었다. 박 본부장은 만족스러웠다. "이게 되네. 이걸로 1차 컷 하면 되겠는데."

그때 HR 담당 윤 대리가 조심스럽게 손을 들었다. "본부장님, 잠깐만요. 추천된 후보 23명 중에 여성이 2명뿐입니다." 회의실이 조용해졌다. 박 본부장이 리스트를 다시 살펴보니 21명이 남성이었다. 윤 대리가 말을 이었다. "혹시 AI가 학습한 데이터 자체가 편향된 게 아닐까요? 이 직군의 기존 채용 데이터가 남성 중심이었다면, AI가 그걸 성공 패턴으로 학습했을 수 있어요." 박 본부장이 AI 솔루션 업체에 확인한 결과, 예상대로였다. 최근 5년 치 데이터 자체에 남성 비율이 압도적으로 높았고, AI는 그 패턴을 그대로 답습하고 있었다.

박 본부장은 리스트를 덮었다. 윤 대리가 꼼꼼히 들여다보지 않았다면 그대로 통과될 뻔했다. 그날 오후 박 본부장은 채용 기준을 다시 잡았다. AI 추천 리스트는 참고용으로만 쓰되, 최종 후보군 구성은 HR 담당자가 직접 검토하고 다양성 기준을 별도로 확인하는 단계를 추가했다. AI는 과거 데이터를 가장 잘 정리하는 도구다. 그런데 과거가 편향돼 있으면 현재의 결과도 편향된다. 데이터가 그럴듯해 보일수록 사람이 더 꼼꼼히 봐야 한다는 사실을 뼈아프게 확인한 순간이었다.

리더의 인지적 겸손과 검증 프로세스

AI의 함정을 피하는 해법은 더 좋은 기술이 아니라, 리더의 태도와 프로세스를 바꾸는 데 있다.

1) 인지적 겸손을 유지하라

자신의 생각이 틀릴 수 있음을 인정하는 인지적 겸손이 AI의 오류를 훨씬 더 잘 잡아낸다. AI가 내놓은 결과가 당신의 직관과 딱 맞아떨어질수록 '이것이 틀렸을 가능성은 무엇인가?'라고 더 강하게 자문해야 한다.

2) 레드팀 전략을 도입하라

조직 내에 AI의 결과물을 의도적으로 공격하고 비판하는 '레드 팀'을 운영해야 한다. 팀원이 AI의 답에 이의를 제기하는 것이 불복종이 아니라 탁월한 기여로 인식되는 문화를 만들어야 한다. 그것이 AI의 사각지대를 막는 가장 강력한 방패다.

3) 팩트 퍼스트 문화를 정착시켜라

번지르르한 기술용어와 화려한 문체에 현혹되지 마라. AI의 제안 중 입증된 팩트가 무엇인지 먼저 확인하는 절차를 습관으로 만들어야 한다. AI의 언어가 그럴듯할수록, 리더의 팩트 체크는 더욱 단단해져야 한다.

리더를 위한 AI 함정 탈출 3단계 체크리스트

보고서를 받을 때마다 다음의 3가지 질문을 습관처럼 던져라.

1단계) 출처 역추적

AI가 제시한 통계와 수치가 있다면, 반드시 원천 소스를 확인하라. '이 수치는 어디에서 왔는가?' '원 보고서, 원 데이터는 무엇인가?' 구글 딥마인드 공동창업자 데미스 허사비스 박사조차 AI 결과물의 '근거 확인'이 신뢰의 출발점이라고 말했다. 퍼플렉시티와 같은 출처 기반 검색 도구를 병행하는 습관을 들여라.

2단계) 편향성 테스트

AI가 추천한 인사 명단이나 고객 전략을 볼 때, 반드시 2가지를 물어라. '이 결과에 특정 집단에 대한 고정관념이 반영되어 있지는 않은가?' '이 데이터가 누락한 소수의 목소리는 무엇인가?'

3단계) AI 사용 표기제 운영

AI를 활용한 결과물에는 반드시 'AI 활용범위와 인간의 검토내용'을 명기하는 문화를 만들어라. 책임 소재를 명확히 하고, 구성원이 AI 결과물을 한 번 더 들여다보게 만드는 건강한 긴장감을 유지하는 것이 목적이다.

Leadership Insight

AI는 당신의 거울이지 정답이 아니다

AI는 인간의 편견과 오류를 증폭시키는 증폭기가 될 수 있다. 리더인 당신의 진짜 내공은, AI가 그려낸 화려한 그림 속에서 숨겨진 흠집을 찾아내고, 그것을 인간의 상식과 경험으로 보정하는 안목에 있다. 기술이 더 똑똑해질수록, 당신의 '의심하는 능력'은 더욱 고귀한 가치를 갖는다. 그 능력이야말로 AI가 절대 대신할 수 없는 리더만의 성역이다.

AI는 멈추지 않는다.
나도 계속 배운다

AI의 편향과 환각이라는 교묘한 함정들을 식별하는 안목을 갖췄다면, 이제 리더가 직면해야 할 가장 거대한 진실이 기다린다. 바로 'AI는 멈추지 않는다'는 사실이다.

오늘 익힌 프롬프트 기술과 데이터 분석법은 내일이면 구식이 될 수 있다. 기술의 영토를 구분하고 함정을 피하는 방어적 리더십으로는 부족하다. 끊임없이 밀려오는 기술의 파도를 타고 조직을 진화시키는 공격적 학습이 필요한 시대다. 리더의 리터러시는 한 번의 교육으로 완성되는 박제가 아니다. 매일 업데이트되는 살아 있는 소프트웨어가 되어야 한다.

"AI 공부, 이제 이 정도면 충분하지 않나요?"

"지난번에 전문가 초빙해서 세미나도 들었고, 유료 강의도 하나 완강했습니다. 이 정도면 리더로서 할 만큼 한 것 아닌가요?" 기업 리더 교육 현장에서 자주 듣는 질문이자, 동시에 가장 우려스러운 발언이다.

많은 리더가 학습을 '종착역이 있는 여정'으로 생각한다. 하지만 AI 시대의 지식에는 유통기한이 존재하지 않는다. 빠르게 상하는 음식처럼, 어제의 지식이 오늘의 독이 될 수 있다. 디지털 전환기에는 습득한 지식의 양보다, 새로운 지식을 받아들이는 '속도'가 성패를 결정한다. "나는 충분히 배웠다"고 말하는 순간, 리더는 과거의 성공방식이라는 감옥에 스스로 갇힌다. 변화가 상수Constant인 시대에 학습을 멈추는 것은 리더십의 시효 만료를 스스로 선언하는 것과 다를 바 없다.

지식의 '반감기' 축소와 고정 마인드셋

리더는 왜 계속 배우는 것을 힘들어할까?

첫째, 지식의 '반감기'가 급격히 짧아졌기 때문이다. 기술 가속화로 인해 지식의 가치가 절반으로 떨어지는 '반감기'가 과거 30년에서 현재 5년 미만으로 급감했다. 어제의 전문가가 오늘의 초보자가 되는 속도, 그것이 지금 우리가 살고 있는 시대의 속도다. 계속 배워야 한다는 압박감 자체가 리더를 지치게 만든다.

둘째, 고정 마인드셋Fixed Mindset의 함정에 빠지기 때문이다. 스탠퍼드대학교 심리학과 캐럴 드웩 교수는 성취 지향적인 리더일수록 자신의 능력이 이미 완성되었다고 믿는 '고정 마인드셋'에 빠지기 쉽다고 지적한다. 모른다는 것을 실패로 인식하는 두려움이 학습의 문을 닫아버리는 것이다. 뛰어난 리더들이 가장 먼저 배움을 멈추는 아이러니가 여기서 발생한다.

셋째, 언러닝_{Unlearning}의 고통 때문이다. 새로운 것을 배우기 위해서는 나를 여기까지 이끌어온 낡은 지식을 버려야 하는데, 언러닝의 과정은 뇌에 실제 고통으로 인식된다. 성공 경험이 많을수록, 버려야 할 것도 많다. 리더에게 학습이 힘든 것은 의지가 약해서가 아니라 그것이 본질적으로 불편한 일이기 때문이다.

김 상무의 침묵이 부른 대가

IT 서비스기업 사업본부의 김 상무는 20년 경력의 베테랑이다. 고객사가 어떤 말을 할 때 실제로 무슨 뜻인지, 프로젝트가 어느 시점에 꼬이기 시작하는지, 몸으로 익힌 감이 있었다. 김 상무가 회의에서 "그거 좀 이상하지 않아요?"라고 한마디 하면 다들 다시 들여다볼 정도다.

그런데 올 초 AI 기반 고객분석 툴이 도입되면서 회의 분위기가 달라졌다. 팀원들이 대시보드 화면을 띄워놓고 "코호트 분석 결과를 보면 이탈 가능성이 높은 세그먼트가 여기 잡히고요, LTV 예측값이 이쪽에서 떨어지고 있어요"라고 설명하자 김 상무는 정확히 이해하지 못했지만, 체면 때문에 고개를 끄덕이며 아는 척을 했다. 질문을 했다가 무식해 보일까 봐 두려웠기 때문이다.

그렇게 석 달이 흐른 어느 날, 김 상무는 복도에서 팀원들의 대화를 우연히 들었다. "이 AI 인사이트 부분을 넣을까요?"라는 김 사원의 말에 박 과장이 "그냥 빼요. 어차피 본부장님이 잘 안 보시는 것 같아요. 넣으면 오히려 설명하다 시간 다 가요"라고 답했다. 충격적이었다. 팀원들은 이미 김 상무가 핵심을 파악하지 못하고 있음을 알고 보고서에서 중요한 내용을 삭제하고 있었다.

김 상무는 다음 회의에서 처음으로 손을 들고 "잠깐, LTV가 정확히 뭔지 제가 다시 짚고 싶은데, 누가 설명해 줄 수 있어요?"라고 물었다. 회의실은 잠깐 정적이 흘렀지만 곧 자세한 설명과 열띤 토론이 이어졌다. 김 상무는 '석 달 전에 그 질문을 했더라면 지금쯤 팀 보고서에서 중요한 내용이 빠지는 일은 없었을 것'이라고 생각했다. 권위는 모르는 척 유지하는 데서 오는 게 아니라 모른다고 먼저 말하는 데서 오는 것이다.

리더의 무기, 꾸준히 배우려는 노력

AI 시대의 리더는 무엇을 아는가가 아니라 '어떻게 배우는가'로 자신을 증명해야 한다.

1) 성장 마인드셋을 조직에 먼저 모델링하라

리더가 먼저 배우는 모습을 보여야 한다. 리더가 완벽함을 연기하는 대신, 새로운 기술 앞에서 당황하고 질문하며 배워나가는 과정을 투명하게 공개할 때 조직 전체의 학습능력이 극대화된다. 성장마인드셋Growth Mindset을 가진 리더, '나는 다 안다'가 아닌 '나는 여전히 배우고 있다'는 고백이 리더의 진짜 권위가 된다.

2) 지속적 업데이트를 전략화하라

컬럼비아 경영대학원 리타 건터 맥그래스 교수는 "영원한 경쟁 우위는 존재하지 않는다"고 단언한다. 리더는 AI 지식을 한 번 쌓고 안주하는 것이 아니라, 매 순간 새로운 기술신호를 포착하고 비즈니스모델을 미세조정하는 전략적 민첩성을 유지해야 한다.

3) '배우는 법' 자체를 배워라

변화가 빠른 시대일수록 초보자의 마음을 갖는 것이 중요하다. 새로운 AI 도구가 나올 때 거부감을 갖기보다, 그것이 우리 조직에 가져올 새로운 가능성을 먼저 탐색하는 인지적 유연성을 훈련해야 한다. 전문성은 위기가 되고, 호기심은 무기가 된다.

실행 과제

리더를 위한 '평생학습' 루틴 : 3A 법칙

리더가 학습을 할 때는 다음의 3A를 꼭 기억해야 한다.

1단계) Accept : 무지를 인정하라

회의 중 모르는 기술적 내용이 나오면 아는 척하지 마라. "그 부분은 제가 아직 잘 모릅니다. 저도 이번 기회에 배우고 싶으니 설명해 주시겠습니까?"라는 한마디가 팀원들의 심리적 안전감을 높이고, 조직 전체에 학습 열기를 불어넣는다. 리더의 '모른다'는 고백은 약함이 아니라, 조직이 솔직해질 수 있는 허락이다.

2단계) Allocate : 학습시간을 따로 확보하라

바빠서 못 배운다는 것은 핑계다. 학습연구가 마이클 시몬스는 벤자민 프랭클린의 학습 습관에서 착안한 '5시간 법칙'을 제안한다. 매주 최소 5시간을 의식적인 학습에 투자하라는 것이다. 빌 게이츠, 워런 버핏, 일론 머스크가 공통적으로 실천한 습관이기도 하다. 리더의 캘린더에 'AI 탐구시간'을 고정된 블록으로 설정하라. 시간이 생기면 배우겠다는 리더는 영원히 배우지 못한다.

3단계) Apply : 작게 실천하고 공유하라

배운 지식을 24시간 이내에 현장에 적용하라. 새로 알게 된 AI 기능을 활용해 팀원에게 짧은 응원 메시지를 보내거나, 회의록 요약본을 직접 만들어 공유하라. 리더의 '작은 실행' 하나가 백 마디 훈계보다 강력한 변화의 신호가 된다.

AI는 멈추지 않기에, 당신의 성장도 멈춰서는 안 된다

AI 시대, 가장 위대한 리더는 기술을 잘 아는 리더가 아니라 가장 오랫동안 '학생'으로 남는 리더다. 당신의 학습이 멈추는 지점이 곧 조직의 한계가 된다. 성장은 고통스러운 의무가 아니라, 새로운 가능성을 여는 즐거운 여정이다. 오늘 당신은 무엇을 새롭게 배웠는지 생각해 보자.

Part
3

기술이 닿지 않는 곳,
마음을 터치하는 리더가 이긴다

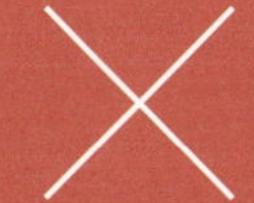

인간 중심 소통 리더십

01

챗봇이 절대 흉내 낼 수 없는
인간적 터치

기술이라는 날개를 달았다면, 이제는 그 날개를 움직이는 몸통인 '사람'에게 집중할 차례다. 아무리 뛰어난 AI가 최적의 전략을 내놓아도, 그 전략을 실행하는 것은 결국 감정을 가진 사람이다. 기술이 고도화될수록 구성원들은 오히려 더 인간다운 대우와 정서적 연결을 갈망한다. 리더십의 결정력은 알고리즘의 정교함이 아니라, 챗봇이 결코 닿을 수 없는 리더만의 인간적 터치Human Touch에서 나온다.

"AI의 매끄러운 응원보다, 리더의 투박한 한마디가 그리워요"

한 글로벌 IT 기업의 팀원 교육에서 이런 고백을 들었다.

"AI가 매일 아침 컨디션에 맞춰 보내주는 맞춤형 응원 메시지보다, 팀장님이 지나가며 툭 던진 '요즘 힘들지? 힘내자'라는 한마디에 더 큰 위로를 느낍니다."

우리는 지금 디지털 탈인격화의 시대를 살고 있다. AI가 써준 매끄러운 이메일과 피드백은 효율적이지만, 구성원의 영혼을 흔들지는 못한다. 지나치게 완벽한 AI의 언어는 오히려 구성원들에게 '나를 데이터의 일부로만 보는 것 아닌가?'라는 의구심을 심어준다.

기술이 사람 사이의 거리를 좁혀줄 수는 있지만, 그 사이를 흐르는 감정적 신뢰까지 대신 만들어 줄 수는 없다. 리더가 인간적 터치를 잃어버리는 순간, 조직은 고성능 기계들의 집합소로 전락한다.

알고리즘의 분석과 '진짜 공감'의 결핍

AI가 아무리 발전해도 인간 리더의 공감을 대체할 수 없는 이유는 무엇일까?

첫째, AI에게는 정서적 취약성이 없기 때문이다. 스탠퍼드대학교 심리학과 자밀 자키 교수는 "공감은 단순히 상대의 기분을 맞추는 것이 아니라, 자신의 취약함을 드러내고 상대의 아픔 곁에 함께 머무는 과정"이라고 말한다. AI는 아픔을 느끼지 못하며, 자신의 실수를 진심으로 부끄러워할 줄도 모른다. '정서적 취약성'이 없는 존재가 공감을 흉내 낼 수는 있어도, 진짜 공감을 전할 수는 없다.

둘째, AI는 말 너머의 맥락을 읽지 못하기 때문이다. 챗봇은 말의 내용을 분석하지만, 리더는 팀원의 떨리는 목소리, 창백해진 안

색, 평소와 다른 침묵 뒤에 숨겨진 말하지 않은 진실을 읽어낸다. 텍스트가 아닌 맥락, 그것은 AI가 아직 도달하지 못한 영역이다. 인간 리더만이 가진 이 정교한 맥락 파악 능력이 진짜 소통을 가능하게 한다.

셋째, 심리적 안전감은 인간 대 인간의 유대에서만 형성되기 때문이다. 기계는 나를 평가할 수 있을지 몰라도, 나를 존재 자체로 인정해 줄 수는 없다. 심리적 안전감의 토대는 알고리즘이 아니라 인간의 진정성에서 비롯된다. 사람 사이의 깊은 유대감, 그것은 AI가 결코 흉내 낼 수 없는 인간만의 영역이다.

최 팀장의 완벽한 피드백이 낳은 균열

마케팅팀의 최 팀장은 피드백을 중시하는 리더였다. 하지만 매주 여섯 명의 팀원에게 개별 피드백을 하는 게 쉽지 않았다. 그러다 AI 성과 분석 툴을 알게 됐다. 팀원별 업무 데이터를 넣으면 칭찬 포인트와 개선점을 정리해 주는 방식이었다.

처음 한 달은 반응이 좋았다. 그런데 석 달쯤 지나자 팀 회의에서 아이디어를 꺼내는 사람이 눈에 띄게 줄었다. 예전엔 불쑥 말을 꺼내던 팀원들이 조용해졌다. 분위기가 예전 같지 않음을 느낀 최 팀장은 선임 김 대리와 티타임을 가졌다. "팀장님, 솔직하게 말씀드려도 될까요? 요즘 매주 메일을 받을 때마다 제가 분석 대상이 된 기분이에요. 팀장님과 진심으로 이야기한 게 언제였는지 기억이 잘 안 나요."

최 팀장은 그날 밤 그 말을 곱씹었다. 메일엔 칭찬도 있었고 개선점도 구체적이었다. 그런데 그 메일 어디에도 "요즘 컨디션은 어때?"라는 말이 없었다. AI가 수치로 잡아낼 수 없는 것들이었다.

다음 주부터 최 팀장은 월요일 메일을 줄이고, 일주일에 한 번 팀원 한 명과 10분씩 티타임 시간을 만들었다. "요즘 어때요?"로 시작하는 대화였다. 한 달 뒤 팀 회의에서 김 대리가 먼저 아이디어를 꺼냈다. 팀원의 마음을 여는 건 데이터가 아니라 먼저 건네는 질문 한마디였다.

'High-Tech' 시대의 'High-Touch' 전략

AI 시대의 소통은 기술을 거부하는 것이 아니라, 기술이 할 수 없는 영역을 더 깊고 넓게 채워 나가는 것이다.

1) '취약함의 공유'로 신뢰를 구축하라

리더는 완벽함을 연기하지 말아야 한다. 휴스턴대학교 사회복지대학원 브레네 브라운 박사는 20년간의 연구를 통해 '취약함은 약함의 증거가 아니라 신뢰의 발상지'라고 강조한다. AI가 모든 답을 아는 척할 때, 리더는 이렇게 말할 수 있어야 한다. "나도 이 상황이 당황스럽다. 하지만 우리가 함께라면 길을 찾을 수 있을 것이다." 이 솔직함, 챗봇은 결코 흉내 낼 수 없는 가장 강력한 인간적 터치다.

2) '비언어적 공명'의 힘을 되찾아라

리더가 팀원의 말을 들을 때 보여주는 눈맞춤과 적절한 고개 끄덕임이 뇌의 옥시토신 분비를 촉진해 강력한 결속력을 만든다. 줌Zoom 화면 너머, 슬랙Slack 메시지 뒤에서 증발해 버리는 이 정서적 파장을 맞추는 것. 그것이 디지털 시대 리더가 절대 놓쳐서는 안 되는 핵심 책무다.

3) 존재의 인정을 위한 원온원의 힘

원온원 대화는 AI 시대에 가장 사치스러우면서도 가장 강력한 소통 도구다. 리더가 구성원 한 사람의 성장과 안녕에 온전히 집중할 때, 그 구성원은 도구가 아닌 주인공으로 대접받는다고 느낀다. 그 느낌 하나가 조직을 움직인다.

실행 과제

리더를 위한 '인간적 터치' 실천 3단계

1단계) 'Human-First' 소통 원칙을 세워라

이메일이나 메신저로 업무 지시를 내리기 전, 반드시 그 사람의 안부를 먼저 묻는 문장 하나를 넣어보자. "오늘 아침 비가 오는데 출근길은 괜찮으셨나요? 이번 프로젝트 건으로 상의할 게 있습니다." AI가 쓴 듯한 사무적인 문장보다 훨씬 큰 연결감을 만든다. 이 한 문장이 관계의 온도를 바꾼다.

2단계) 진심의 사과와 성취의 축하를 습관으로 만들어라

AI는 미안해하지도, 기뻐하지도 않는다. 리더가 실수를 인정하고 진심으로 사과할 때, 그리고 팀원의 작은 성공을 자기 일처럼 기뻐하며 온 마음을 다해 축하할 때, 조직의 온도는 한 단계 올라간다. 이 작은 감정의 표현이 리더와 팀원 사이의 가장 단단한 다리다.

3단계) '디지털 단식' 회의법을 도입하라

중요한 팀 회의나 1:1 면담 시에는 스마트폰과 노트북을 닫고 서로의 눈을 마주 보자. MIT의 셰리 터클 교수는 테이블 위의 기기 하나가 대화의 깊이와 신뢰감을 눈에 띄게 떨어뜨린다고 한다. 기기를 치우는 것만으로도, 대화는 전혀 다른 차원으로 깊어진다.

Leadership Insight

AI는 정보를 전달하지만, 리더는 감동을 전달한다

공감은 타고난 능력이 아니라 근육처럼 단련하는 기술이다. 이 말은 리더에게도 그대로 적용된다. 당신의 진짜 실력은 얼마나 논리적인 말을 하느냐가 아니다. 팀원의 눈을 보며 그들의 고단함을 얼마나 깊게 어루만져 주느냐에 있다. 기술은 당신의 시간을 아껴주기 위해 존재한다. 그 아껴진 시간을 팀원의 마음을 얻는 데 써라. 그것이 인간 리더만이 할 수 있는 가장 위대한 일이다.

02

말하지 않은 것까지 듣는
경청과 공감의 기술

챗봇이 흉내 낼 수 없는 인간적 터치가 '소통'의 문을 여는 열쇠라면, '경청'과 '공감'은 그 문을 열고 들어가 구성원의 내면을 마주하는 통로다.

리더가 따뜻한 안부로 관계의 물꼬를 텄다 해도, 대화가 시작되는 순간 건성으로 듣거나 감정을 무시한 채 자기 말만 쏟아낸다면 그 온기는 순식간에 식어버린다. AI는 방대한 데이터를 수집하고 처리하지만, 말 뒤에 숨겨진 떨림을 포착하고 그 고통에 진심으로 함께 머무는 공감은 하지 못한다. 리더의 진짜 실력은 얼마나 논리적으로 말하느냐가 아니라, 얼마나 밀도 있게 듣고 깊게 공감하느냐로 결정된다.

"제 말을 듣는 게 아니라, '정답'만 찾고 계시네요"

한 팀원이 용기를 내어 업무적 고충과 번아웃을 털어놓는다. 팀원은 막막한 심정을 설명하려 하지만, 팀장은 1분도 채 지나지 않아 말을 자른다. "알겠어. 그건 A 방식으로 해결하면 돼. 내가 다 해봐서 아는데…" 팀원은 입을 닫는다. 팀장은 문제를 해결해 줬다고 뿌듯해하며 일어나지만, 팀원의 마음속에는 해결되지 않은 응어리가 남는다.

이것이 리더들이 가장 흔히 범하는 '해결사 함정'이다. 리더십 전문기관 Potential Project의 라스무스 후가드 대표는 "리더가 즉각적으로 답을 주려는 욕구를 참지 못할 때, 구성원은 경청과 인정을 받았다는 느낌 대신 통제받고 있다는 느낌을 갖게 된다"고 경고한다. 위의 리더는 귀와 마음을 내어주는 대신 입을 열었고, 결과적으로 팀원의 주도성과 신뢰를 모두 잃게 된 것이다.

권력의 역설과 공감 근육의 퇴화

왜 리더들에게 경청과 공감은 그토록 어려운 과제가 되었을까?

첫째, 권력의 역설 때문이다. UC 버클리 심리학과 대커 켈트너 교수는 "사람이 권력을 가질수록 타인의 감정을 읽는 능력이 퇴화한다"고 말한다. 리더가 자기중심적 사고에 갇히면 타인의 말은 정보로만 들릴 뿐, 감정으로는 전달되지 않는다. 권력이 높아질수록 공감 근육은 오히려 약해진다.

둘째, 속도에 대한 강박 때문이다. AI 시대의 속도 경쟁 속에서 리더는 대화를 단순한 정보 교환으로만 본다. 감정을 나누는 시간을 성과를 방해하는 노이즈로 간주하는 것이다. 빠른 판단이 미덕이 된 조직에서, 경청은 가장 먼저 희생되는 덕목이 된다.

셋째, 공감과 해결을 혼동하기 때문이다. 리더들은 공감을 상대방의 의견에 무조건 동조하는 것이나 문제를 대신 해결해 주는 것으로 오해한다. 진정한 공감은 상대의 감정을 있는 그대로 인정하는 것에서 시작된다. 해답이 아니라 존재를 먼저 수용하는 것, 그것이 공감의 본질이다.

이 부장의 '60초 경청 실험'

생산관리팀의 이 부장은 스스로를 효율적인 리더라고 생각했다. 팀원이 말을 꺼내면 핵심만 빠르게 파악해 방향을 잡아주었고, 30분 면담을 15분에 끝내는 게 능력이라고 여겼다.

그런데 연말 임원 피드백 자리에서 HR 담당 임원이 말했다. "이 부장 면담은 팀원들한테 속도위반 딱지를 끊는 것 같다는 이야기가 나와요." 며칠 뒤 조직 진단 결과에서 그의 팀은 심리적 안전감 항목에서 전사 최하위를 기록했다. '나는 이 팀에서 솔직하게 말할 수 있다'는 문항에 팀원 9명 중 7명이 '그렇지 않다'에 체크한 것이다.

충격을 받은 이 부장은 규칙 하나를 만들었다. 팀원이 말을 시작하면 마음속으로 60을 세기 전까지 절대 끊지 않는 것이었다. 처음엔 결론부터 재촉하고 싶은 마음을 참는 게 고역이었다.

일주일쯤 지났을 때 10년 차 오 차장이 면담 중 평소와 다른 말을 꺼냈다. "사실 저 이 라인 방식에 오래전부터 문제가 있다고 생각했는데요. 말씀드려도 금방 다른 이야기로 넘어가셔서 그냥 안 하게 됐어요. 근데 오늘은 들어주실 것 같아서요." 이 부장은 그 말을 듣고 잠시 할 말을 잃었다.

한 달이 지난 팀 회의는 달라져 있었다. 이 부장이 들어줄 준비가 되었다는 것을 알게 되자 팀원들의 발언이 눈에 띄게 늘었다. 막내 황 사원이 공정 개선 아이디어를 가져왔고, 오 차장은 라인 배치 문제를 데이터까지 들고 나왔다. 이 부장이 나중에 세어보니 한 달 전보다 회의에서 팀원 발언이 세 배 이상 늘어 있었다.

경청의 깊이와 공감의 주파수 맞추기

AI가 정보를 완벽하게 요약해 주는 시대, 리더는 존재를 읽어내는 심층적 경청과 고통을 나누는 지혜로운 공감으로 나아가야 한다.

1) 생성적 경청

프리젠싱연구소 공동창립자 오토 샤머는 경청의 최고 단계를 '생성적 경청Generative Listening'이라 정의한다. 리더가 자신의 판단과 가정을 완전히 내려놓고, 상대방의 잠재력이 스스로 발현되도록 공간을 내어주는 것이다. 챗봇이 데이터를 처리할 때, 리더는 이 공간을 지킴으로써 그 어떤 알고리즘도 만들어 낼 수 없는 새로운 아이디어를 탄생시킨다.

2) 공감 조절

공감은 타고난 능력이 아니라 근육처럼 단련하는 기술이기 때문에 리더는 감정에 휩쓸리는 정서적 전염을 넘어, 상대의 감정을 인지하고 적절한 지지를 보내는 '인지적 공감' 능력을 키워야 한다. 함께 흔들리는 것이 아니라 흔들리는 상대를 든든하게 붙잡아주는 것, 그것이 리더의 공감이다.

3) 해결사가 아닌 조력자로서의 태도

리더가 '그 문제 내가 풀어줄게'라고 나서는 대신, '그 상황이 당신에게 얼마나 힘들었을지 이해됩니다'라고 감정을 먼저 수용할 때, 팀원은 비로소 스스로 답을 찾는 힘을 되찾는다. 문제를 해결해 주는 리더가 아니라, 팀원이 스스로 해결하도록 길을 열어주는 리더가 AI 시대에 가장 필요한 리더십이다.

실행 과제

리더를 위한 '경청과 공감' 실천 3단계

1단계) 'Wait 5 Seconds' 법칙으로 경청하라

상대의 말이 끝난 후 마음속으로 5초를 세어보자. 리더가 성급하게 답을 가로채지 않을 때, 구성원은 숨겨두었던 진짜 문제를 비로소 꺼내놓기 시작한다. 침묵은 어색함이 아니라, 신뢰가 자라는 공간이다.

2단계) '감정의 이름'을 먼저 불러줘라

상황을 요약하기 전, 상대가 느꼈을 감정을 먼저 언급하라. "업무량이 갑자기 늘어나서 많이 막막하고 당황스러웠겠군요." 이 한 마디가 백 마디 논리적인 해결책보다 먼저 팀원의 마음 문을 연다. 감정을 인정받는 순간, 사람은 비로소 들을 준비가 된다.

3단계) 몸으로 말하는 '비언어적 공명'의 기술

하버드대학교 교수를 역임한 에이미 커디 박사는 "몸의 자세와 제스처가 상대방과의 연결감과 신뢰에 직접적인 영향을 미친다"고 강조한다. 상대와 눈을 맞추고, 몸을 약간 상대 쪽으로 기울이며, 적절한 타이밍에 고개를 끄덕여 보자. 이 단순한 행동들이 '나는 지금 당신에게 온전히 집중하고 있다'는 가장 강력한 공감의 신호가 된다.

Leadership | **Insight**

경청은 신뢰를 저축하는 일이다

힘든 시기일수록 리더의 공감은 조직의 가장 강력한 화폐가 된다. AI 시대, 영향력 있는 리더는 가장 많이 아는 리더가 아니라, 가장 깊게 들어줌으로써 구성원이 스스로 답을 찾게 만드는 리더다. 오늘 당신은 팀원의 말 뒤에 숨겨진 진실을 몇 번이나 들었는가? 그리고 그들의 마음 온도를 몇 번이나 체크했는지 생각해 보자.

03

정답을 주는 대신
질문으로 생각을 여는 법

상대의 말 뒤에 숨겨진 진실을 읽어내는 '경청'과 그 고통에 주 파수를 맞추는 '공감'이 소통의 토양을 다지는 작업이라면, '질문'은 그 토양 위에 구성원의 잠재력이라는 꽃을 피우는 햇살이다.

리더가 깊게 들어주는 것만으로도 신뢰는 쌓인다. 하지만 조직의 성과와 구성원의 성장을 제대로 견인하기 위해서는 한 걸음 더 나아가야 한다. 답을 주는 입을 닫고, 질문을 던지는 입을 여는 것이다. AI가 세상의 모든 정답을 몇 초 만에 찾아주는 시대, 리더의 진짜 가치는 정답의 제시가 아니라 구성원의 사고를 확장시키는 반짝이는 질문에 있다.

"팀장님, 이 문제는 어떻게 처리할까요?"

팀원이 난처한 표정으로 찾아와 질문을 던진다. 이때 대부분의 리더는 본능적으로 '해결사 모드'를 가동한다. "그건 내가 해봐서 아는데, B업체랑 협상해서 C안으로 가." 리더는 자신의 유능함을 증명했다는 안도감을 느끼며 팀원을 돌려보낸다. 하지만 이 장면에서 리더는 팀원 스스로 사고하고 문제를 해결할 수 있는 '학습 기회'를 박탈하는 치명적 실수를 범하게 된다.

리더가 정답을 빨리 줄수록 팀원은 리더의 입만 바라보는 수동적 실행자로 전락한다. AI가 최적의 솔루션을 쏟아내는 환경에서 리더까지 정답만 외치고 있다면, 우리 팀원들은 언제 자신의 지성을 발휘할 수 있겠는가.

지시의 익숙함과 '무지에 대한 공포'

왜 리더들은 질문보다 답을 선호할까?

첫째, 속도 숭배의 함정 때문이다. 리더는 질문하고 기다리는 것보다 답을 주는 것이 훨씬 빠르다고 믿는다. 하지만 이는 단기적 효율일 뿐, 장기적으로는 리더가 모든 결정을 내려야 하는 병목 현상을 심화시킨다. 팀원은 생각을 멈추고, 리더는 지쳐간다.

둘째, 권위에 대한 오해 때문이다. MIT 경영대학원 에드거 샤인 교수는 이를 '지시하는 문화'라고 지적한다. 리더는 답을 모르면 무능해 보인다는 심리적 압박 때문에, 질문해야 할 순간에도 오히려 더 강하게 지시하는 역설에 빠진다는 것이다.

셋째, 질문 기술의 부재 때문이다. 많은 리더가 상대의 생각을 여는 탐색적 질문보다 자신의 의도를 주입하는 유도 질문에 더 익숙하다. 유도 질문처럼 포장된 질문은 신뢰를 무너뜨리는 가장 교묘한 방식이다.

오 팀장의 '친절한 병목' 탈출기

스타트업 기획팀을 이끄는 오 팀장은 팀원들이 늘 자신을 찾아와 "어떻게 할까요?"라고 묻는 것을 리더로서의 유능함이라 여겼다. 그런데 어느 날 번아웃된 시니어 팀원이 퇴사 면담에서 이렇게 말했다. "팀장님께 가면 항상 답을 주셨는데, 정작 제가 스스로 고민할 기회가 없었습니다. 3년이 지났는데 제가 성장한 건지 모르겠습니다."

오 팀장은 그날 밤 자신이 팀원들의 성장을 막아온 '친절한 병목'이었다는 사실을 깨달았다. 이후 그는 팀원이 답을 구하러 올 때마다 먼저 이렇게 물었다. "당신은 어떻게 생각합니까?" 처음엔 어색했지만, 석 달 뒤 팀에는 스스로 판단하고 실행하는 문화가 뿌리내리기 시작했다.

스마트한 질문의 5가지 유형

AI가 답을 주는 시대, 리더는 구성원이 미처 보지 못한 사각지대를 비추는 전략적 질문자가 되어야 한다. IMD 경영대학원 아르노 셰발리에, 프레데리크 달자스, 장-루이 바르수 교수가 1,200명

의 경영진 연구를 통해 도출한 '5가지 전략적 질문 유형'을 상황에
맞게 활용해 보자.

1) 조사형 질문Investigative : 우리가 놓치고 있는 데이터는 무엇인가?

현상을 정확히 파악하게 한다. AI가 준 분석 결과에 대해 '이 수
치가 나오게 된 배경 데이터는 무엇인가?'라고 묻는 것이다.

**2) 추측형 질문Speculative : 만약 예산이 2배라면, 혹은 없다면 어떻게
할 것인가?**

기존의 제약을 깨고 창의적 대안을 찾게 한다. 문제에 대해 다
시 생각하게 하는 핵심 질문이다.

**3) 생산적 질문Productive : 지금 우리에게 가장 시급한 우선순위는 무
엇인가?**

에너지가 분산될 때 실행력을 높이고, 팀의 초점을 다시 맞추는
역할을 한다.

**4) 해석형 질문Interpretive : 이 결정이 타 부서 동료들에게는 어떻게 비
춰질까?**

수평적 협업과 공감을 자극하고, 사일로Silo 현상을 깨는 리더의
지혜가 담긴 질문이다.

5) 성찰적 질문Subjective : 이 프로젝트를 통해 당신은 어떤 성장을 이

루고 싶습니까?

일의 의미를 찾고, 존재의 이유를 일깨우는 질문이다.

리더를 위한 '질문 리드' 실천 3단계

1단계) 지시를 질문으로 변환하라

"이 보고서 오타 수정하고 레이아웃 좀 다시 잡아와"라고 지시하는 대신, "이 보고서가 고객에게 우리 팀의 전문성을 가장 잘 보여주고 있다고 생각하나요? 보완할 점은 무엇일까요?"라고 물어라. 같은 의도지만, 팀원이 경험하는 것은 전혀 다르다. 지시는 실행을 낳고, 질문은 성장을 낳는다.

2단계) 질문의 4가지 원칙을 지켜라

- 열린 질문 : '예/아니오'가 아닌 '생각'을 말하게 하라.
- 미래 지향 : '왜 못했어?'가 아닌 '어떻게 하면 잘할까?'를 물어라.
- 긍정 질문 : 문제보다 해결 가능성에 집중하라.
- 중립 유지 : 리더의 답을 정해 놓고 강요하지 마라.

3단계) 당황스러운 요청을 성장의 기회로 바꿔라

팀원이 무리한 요구를 하거나 예상 밖의 질문을 할 때, 그 순간이 기회다. "그 제안 흥미롭네요. 그 일이 우리 팀의 비전과 당신의 커리어에 어떤 도움이 될지 구체적으로 들려주겠습니까?” 이 질문 하나로 리더는 상황의 주도권을 쥐고 팀원을 몰입시킬 수 있다.

AI는 답을 주지만, 리더는 길을 열어준다

겸손한 질문이 신뢰와 혁신의 시작이다. 리더인 당신의 진짜 권위는 모든 것을 아는 척하는 오만이 아니라, 팀원들이 스스로 답을 찾을 수 있도록 '반짝이는 무대(질문)'를 마련해 주는 배려에서 나온다. 오늘 당신은 팀원의 성장을 위해 몇 번이나 입을 닫고 질문을 던졌는지 생각해 보자.

04

상대방을 더 가까이 이해하는
비언어 커뮤니케이션

상대의 사고를 자극하는 반짝이는 질문이 소통의 고속도로를 닦는 작업이라면, 비언어적 커뮤니케이션은 그 도로 위를 흐르는 공기와 같다. 아무리 정교하고 지적인 질문을 던진다 해도, 리더의 눈빛이 차갑거나 팔짱을 낀 채 위압적인 자세를 취하고 있다면 팀원은 결코 마음의 빗장을 풀지 않는다.

AI는 텍스트를 분석하고 음성을 인식하지만, 인간의 몸이 내뿜는 미묘한 에너지와 찰나에 스쳐 지나가는 미세표정까지 읽어내지는 못한다. 기술이 우리 사이를 연결하는 접점이 많아질수록, 역설적으로 리더의 몸짓 언어는 진심을 증명하는 최후의 수단이 된다.

"말은 맞는데, 왠지 믿음이 가지 않습니다"

우리는 종종 이런 리더를 만난다. 입으로는 "여러분의 성장을 돕고 싶다"고 말하면서 눈은 계속 스마트폰을 보고 있거나, "우리 팀은 수평적이다"라고 외치면서 거들먹거리는 자세로 상대를 내려다보는 리더들이다.

이때 팀원들이 느끼는 감정은 불일치에서 오는 불신이다. 사람은 상대의 말과 몸의 신호가 어긋날 때, 본능적으로 몸의 신호를 믿는다. 이것은 인류가 진화 과정에서 생존을 위해 발달시킨 감각이다. 특히 AI가 작성한 완벽한 문장으로 무장한 리더일수록, 그 문장 뒤에 숨겨진 실제 표정과 태도가 비전의 진실성을 판가름하는 잣대가 된다. 비언어를 놓친 리더는 아무리 훌륭한 대본을 읽어도 관객의 마음을 얻지 못하는 배우와 같다.

디지털 소통이 지운 '어니스트 시그널'

왜 AI 시대에 리더의 비언어 소통은 점점 퇴화하고 있을까?

첫째, 디지털 스크린의 장벽 때문이다. 화상회의나 메신저 중심의 소통은 리더와 구성원의 존재감을 희석시킨다. 화면 속에서는 상대의 체온과 미세한 근육의 떨림을 감지하기 어렵다.

둘째, 멀티태스킹의 유혹 때문이다. 소통하며 정보를 동시에 처리할 수 있는 환경은 리더의 주의를 분산시킨다. 구성원은 리더의 흩어진 시선에서 '무시당하고 있다'는 신호를 읽는다.

셋째, 무의식 신호에 대한 무지 때문이다. MIT 알렉스 펜틀랜드 교수는 인간이 의식적으로 조작하기 어려운 비언어적 행동 패턴을 어니스트 시그널Honest Signals이라고 설명한다. 인간에게는 사회적 결속을 위해 주고받는 무의식적인 생물학적 신호들이 있다는 것이다. 리더가 데이터와 결과에만 집중할 때, 정작 소통의 본질인 이 무의식적 공명을 놓치게 된다.

구 부사장의 '화상회의 실험'

글로벌 IT 기업 한국 지사의 구 부사장은 팬데믹 이후 재택근무가 완전히 자리 잡은 조직을 이끌고 있었다. 보고는 제때 올라왔고, 프로젝트도 잘 굴러갔다. 숫자만 보면 문제가 없었다.

그런데 매주 화상회의를 하다 보니 이상한 느낌이 쌓였다. 팀원들은 말도 잘했고, 보고 내용도 잘 준비되어 있었다. 그런데 화면 속 얼굴들이 어딘가 어색했다. 카메라를 끈 채 접속하는 팀원이 늘었고, 켜더라도 눈이 화면이 아닌 다른 곳을 향해 있었다. 발언이 끝나면 바로 마이크를 껐다. 결국 조직 몰입도 조사에서 '리더가 내 말을 듣고 있다는 느낌' 항목이 글로벌 최하위로 나타났다.

구 부사장은 회의를 거른 적도, 보고를 건성으로 들은 적도 없었기에 당황했다. 그는 다음 회의부터 작은 변화를 시도했다. 모두에게 반드시 카메라를 켜게 했고, 팀원이 발언할 때 화면 쪽으로 몸을 살짝 기울이며 고개를 끄덕였다. 실제로 바꾼 건 그게 전부였다.

그런데 반응은 즉각적이었다. 김 과장은 "제 말이 전달되는지 몰랐는데 다행입니다"라며 안도했고, 카메라를 껐던 팀원들도 하나둘씩 눈을 맞추기 시작했다. 두 달 뒤 설문에서 해당 항목은 두 배 이상 올랐다. 전략을 바꾼 것도, 제도를 바꾼 것도 아니었다. 단지 카메라를 켜고 고개를 끄덕이며, '나 지금 당신의 말을 듣고 있어요'라는 신호를 보낸 것이 전부였는데, 팀의 분위기를 통째로 바꾼 것이다.

비언어로 '심리적 안전감'을 설계하라

AI가 줄 수 없는 인간 리더만의 경쟁력은 바로 '신체적 공명'에 있다. 이를 위해 리더는 다음의 3대 비언어 전략을 체화해야 한다.

1) 존재감의 발휘 : 가슴을 펴고 시선을 맞추라

우리의 몸이 마음을 바꾼다. 리더가 구성원과 대화할 때 어깨를 펴고 열린 자세를 취하는 것만으로도, 리더 본인의 심리적 안전감은 높아지고 불안감은 낮아진다. 이 안정감은 비언어적으로 전염되어 팀원들에게 '이 리더는 믿을 수 있다'는 강력한 확신을 준다.

2) 동기화와 미러링 : 주파수를 맞추는 기술

공감능력이 뛰어난 리더는 상대의 자세나 표정을 미세하게 따라 하는 미러링에 능숙하다. 팀원이 고개를 숙이고 말할 때 리더도 함께 몸을 숙여주는 것, 팀원이 흥분해서 말할 때 리더도 상체를 약간 앞으로 기울이는 것 등의 무의식적 동기화는 '나는 당신과 연결되어 있다'는 가장 따뜻한 메시지가 된다.

3) 목소리의 힘 : 무엇을 말하는가보다 어떻게 들리는가

성과가 좋은 팀의 리더는 목소리의 높낮이와 리듬이 풍부하다. AI의 단조로운 기계음이 아닌, 리더의 목소리에 담긴 열정과 확신, 때로는 부드러운 위로의 선율이 구성원의 뇌를 자극하고 행동하게 만든다.

리더를 위한 '비언어 리더십' 실천 3단계

1단계) 아이컨택의 황금 비율을 유지하라

대화시간의 약 60~70%는 상대의 눈을 응시하라. 너무 뚫어지게 쳐다보기보다, 눈과 입술 사이의 역삼각형 구역을 부드럽게 바라보는 것이 좋다. 리더의 시선이 머무는 곳에 신뢰가 싹튼다.

2단계) 소프트닝 기법으로 자세를 낮춰라

수직적 문화가 강한 우리나라 기업에서 리더의 권위적인 자세는 공포를 유발한다. 팀원의 자리로 갈 때는 가급적 자세를 낮추거나 옆에 앉아라. 팔짱을 풀고 손바닥을 위로 향하게 하는 열린 손의 자세는 '나는 당신의 의견을 수용할 준비가 되어 있다'는 시각적 선언이다.

3단계) 디지털 단절의 공간을 만들어라

면담 시에는 스마트폰을 보이지 않게 가방이나 주머니에 넣어

라. 스마트폰이 테이블 위에 놓여 있는 것만으로도 대화의 내용이 가벼워지고 두 사람의 감정적 연결감이 저하된다. 리더가 기기를 멀리하는 행위 자체가 가장 강력한 비언어적 존중이다.

AI는 당신의 텍스트를 읽지만, 팀원은 당신의 에너지를 읽는다

사람들은 상대가 얼마나 똑똑한지보다, 얼마나 따뜻한지를 먼저 판단한다. 그 온기를 전달하는 매개체는 오직 리더의 몸짓뿐이다. AI 시대, 당신의 진짜 권위는 화려한 말잔치가 아니라, 팀원의 고통 앞에 함께 숙여지는 어깨와 그들의 성과를 보며 진심으로 반짝이는 눈동자에서 나온다. 오늘 당신의 몸짓은 팀원들에게 어떤 이야기를 들려주었는지 생각해 보자.

나쁜 소식도 솔직하게 피드백하기 :
투명성이 만드는 신뢰

상대의 마음을 읽는 비언어적 공명이 소통의 온도를 맞추는 작업이었다면, 나쁜 소식을 투명하게 전달하는 '피드백'은 소통의 밀도를 시험하는 과정이다.

리더가 팀원의 고통에 공감하고 눈을 맞추는 것은 중요하지만, 그것이 결코 '좋은 게 좋은 것'이라는 식의 현실 회피가 되어서는 안 된다. AI가 실시간으로 성과 수치를 들이밀며 냉혹한 진실을 말할 때, 리더가 비겁하게 침묵하거나 나쁜 소식을 뒤로 감춘다면 조직의 신뢰는 모래성처럼 무너진다. 리더는 따뜻한 가슴을 유지하되, 조직의 성장을 위해 쓴소리를 기꺼이 내뱉는 급진적 솔직함 Radical Candor의 소유자가 되어야 한다.

"왜 진작 말씀해 주지 않으셨나요?"

조직 내에서 가장 안타까운 순간은 성과평가 시기에 발생한다. 일 년 내내 "잘하고 있다"는 말만 듣던 팀원이 막상 낮은 고과를 받았을 때 느끼는 배신감은 상상 이상이다. 리더는 상대의 기분을 상하게 하고 싶지 않아서, 혹은 갈등이 두려워 나쁜 소식을 유예한다.

하지만 이러한 '가짜 배려'는 구성원의 성장 기회를 박탈하는 가장 무책임한 행동이다. 《실리콘밸리의 팀장들》의 저자 킴 스콧은 이를 '파괴적 공감Ruinous Empathy'이라 부른다. 상대가 상처받을까 봐 진실을 말하지 않는 것은 결국 그 사람을 벼랑 끝으로 내모는 것과 같다. AI가 모든 것을 기록하고 데이터로 증명하는 시대에 리더의 투명성 부재는 단순한 소통 미숙을 넘어 리더십의 윤리적 결함으로 간주된다.

갈등 회피 본능과 '심리적 안전감'의 오해

왜 리더들은 나쁜 소식을 전하는 것을 힘들어할까?

첫째, 사회적 거절의 공포 때문이다. 인간은 본능적으로 타인에게 미움받는 것을 두려워하며, 나쁜 소식을 전하는 행위를 상대와의 관계 단절로 오해한다.

둘째, 심리적 안전감에 대한 오해 때문이다. 심리적 안전감을 무조건 친절한 분위기로 착각해서는 안 된다. 진정한 안전감은 불편한 진실을 말해도 보복당하지 않는다는 믿음이지, 불편한 소리를 안 듣는 것이 아니다.

셋째, 데이터에 대한 과의존 때문이다. 리더 스스로 피드백의 근거가 부족하다고 느낄 때 AI의 수치 뒤로 숨으려 한다. '데이터가 이러니까 어쩔 수 없어'라는 식의 책임 회피는 리더의 권위를 스스로 갉아먹는 행위다.

임 팀장의 '3년의 침묵'

대기업 마케팅팀의 임 팀장은 갈등을 만들지 않는 것이 좋은 리더십이라고 믿었다. 팀원이 힘들어 보이면 먼저 다가갔고, 면담은 늘 따뜻하게 마무리했다.

5년 차 한 대리는 임 팀장이 아끼는 팀원이었다. 성실했고 태도도 좋았다. 다만 기획안의 전략적 깊이가 늘 아쉬웠다. 경쟁사 분석은 있는데, 우리가 왜 이 방향이어야 하는지가 없었다. 임 팀장은 이를 알면서도 면담 때마다 "한 대리, 잘하고 있어요. 조금만 더 다듬으면 될 것 같아요"라는 말로 3년을 보냈다.

결국 한 대리는 동기들과의 격차가 벌어진 채 타 부서로 발령이 났다. 짐을 싸던 한 대리는 울먹이며 말했다. "팀장님, 제가 뭐가 부족했는지 왜 진작 말씀 안 하셨어요? 잘하고 있다는 말만 믿고 3년을 보냈는데, 이제 와서 이러시는 건 너무하잖아요."

임 팀장은 아무 말도 하지 못했다. 한 대리가 나간 뒤 3년 치 면담 메모를 꺼내봤다. 매번 비슷했다. '격려했음. 긍정적으로 마무리.' 불편함을 피하려 했던 3년의 침묵이 한 대리가 변화할 수 있었던 소중한 시간을 앗아간 것이다.

다음 분기 면담부터 임 팀장은 질문을 바꿨다. '이 팀원에게 진짜 필요한 말이 무엇인가?' 이 말을 먼저 꺼내자 팀원들은 오히려 "솔직하게 알려주셔서 감사하다"며 성장의 발판으로 삼기 시작했다. 임 팀장은 그게 "감사합니다"보다 훨씬 나은 대답이라는 걸 처음으로 알았다.

성장을 위한 '투명한 피드백' 프레임워크

AI가 무엇What이 잘못되었는지 알려준다면, 리더는 어떻게How 나아갈지를 투명하게 제시해야 한다.

1) 개인적 관심과 직접적 대립의 조화

리더가 구성원을 인간적으로 깊이 아끼면서, 동시에 문제점에 대해서는 거침없이 말해 줄 때 건강한 신뢰가 쌓인다. 나쁜 소식을 전할 때 '이것은 당신을 비난하기 위함이 아니라, 당신의 커리어를 지키기 위한 나의 의무다'라는 전제가 먼저 전달되어야 한다.

2) 학습된 정직의 문화 구축

실패와 오류를 투명하게 공개하는 조직일수록 학습속도가 빠르다. 리더는 나쁜 소식을 처벌의 신호가 아닌 '개선의 신호'로 재정의해야 한다. AI가 오류 신호를 보낼 때 이를 즉시 공유하고 함께 대안을 찾는 리더의 투명함이 조직의 회복탄력성을 만든다.

3) 샌드위치 화법을 버리고 직구를 던져라

피드백의 핵심은 명확성에 있다. 칭찬으로 포장해 비판을 끼워 넣는 샌드위치 피드백은 메시지를 흐리게 만든다. 나쁜 소식일수록 미사여구 없이 본질을 먼저 말하고, 그 뒤에 리더가 도울 수 있는 방안을 논의하는 것이 훨씬 효과적이다.

리더를 위한 '투명한 피드백' 실천 3단계

1단계) 즉시성의 원칙으로 실시간 피드백하라

나쁜 소식은 묵힐수록 독이 된다. 문제가 발생하거나 성과가 미진할 때, 그 주를 넘기지 말고 이야기하라. "김 프로님, 오늘 오전 회의에서 공유해 준 데이터에 오류가 있었습니다. 이대로 보고되면 프로님의 신뢰도에 타격이 클 것 같아 바로 체크해 드립니다."

2단계) AI 데이터를 대화의 시작점으로 활용하라

AI의 분석 결과를 리더의 주관적 감정이 아닌 객관적 거울로 활용하라. "AI 대시보드상에서 이번 달 효율이 20% 하락한 것으로 나타났습니다. 제가 모르는 현장의 어려움이 있나요? 같이 해결책을 찾아봅시다."

3단계) 미래 지향적 질문을 던져라

과거의 잘못을 추궁하는 데 20%를 쓴다면, 앞으로 어떻게 바꿀

지에 80%의 시간을 써라. "이미 일어난 일은 되돌릴 수 없지만, 다음 프로젝트에서 같은 실수를 반복하지 않으려면 어떤 시스템적 보완이 필요할까요? 제가 무엇을 도와주면 좋겠습니까?"

가장 잔인한 리더는 진실을 말하지 않는 리더다

리더의 침묵은 기만이다. AI 시대, 기술은 숨김없이 진실을 드러낸다. 이런 시대에 리더가 투명함을 잃는다면 구성원은 더 이상 당신의 눈을 보지 않고 화면 속 숫자만 믿게 될 것이다. 나쁜 소식을 전하는 목소리에 '상대에 대한 애정'이 담겨 있다면, 그 피드백은 비수가 아니라 성장을 위한 계단이 될 것이다. 오늘 당신은 팀원의 성장을 위해 어떤 '불편한 진실'을 꺼내었는지 생각해 보자.

06

숫자 대신 이야기로 마음을 움직이는 스토리텔링

나쁜 소식까지 솔직하게 전하는 '투명한 피드백'이 리더십의 정직함을 증명한다면, '스토리텔링'은 그 정직한 사실 위에 의미라는 옷을 입히는 작업이다.

AI는 엑셀 시트에 수천 개의 숫자를 채우고 완벽한 통계치를 내놓지만, 그 숫자가 우리 삶에 어떤 변화를 주는지, 왜 우리가 이 고생을 하며 그 숫자를 만들어야 하는지 설명하지 못한다. 숫자는 이해를 돕지만, 이야기는 행동을 낳는다. 리더는 데이터라는 차가운 부품을 모아 구성원의 가슴을 뜨겁게 달구는 서사의 설계자가 되어야 한다.

'매출 20% 성장'이라는 숫자에 설레는 직원은 없다

"올해 우리 팀의 목표는 20% 매출 성장과 10% 비용 절감입니다. 다들 아시겠죠?" 리더의 이 선언에 주먹을 불끈 쥐며 "그래, 해보자!"라고 외치는 팀원이 있을까? 아마 없을 것이다. 그들에게 이 숫자는 그저 더 많은 야근과 압박을 의미하는 기호일 뿐이다.

하지만 이야기를 바꾸면 반응이 달라진다. "우리가 이번 프로젝트를 성공시키면, 기술 소외 계층인 독거노인 500분이 AI 비서를 통해 외로움을 달랠 수 있게 됩니다. 우리가 만드는 건 코드가 아니라 누군가의 외로움을 막는 방패입니다."

행동과학자 제니퍼 아커 교수는 "사람들은 단순한 사실보다 이야기를 통해 전달된 정보를 훨씬 더 오래, 더 생생하게 기억한다"고 강조한다. 리더가 숫자의 뒤에 숨은 사람의 얼굴과 변화의 서사를 보여주지 못한다면, 구성원들은 그저 숫자를 만드는 기계의 부속품으로 전락하고 만다.

정보의 과잉과 정서적 빈곤

왜 리더들은 자꾸 숫자 뒤로 숨으려 할까?

첫째, 논리에 대한 과신 때문이다. NYU 스턴 경영대학원 스콧 갤러웨이 교수는 "리더들이 데이터면 충분하다는 오만에 빠져 있다"고 지적한다. 하지만 알고리즘은 뇌의 계산 영역을 자극할 뿐, 결정과 행동을 관장하는 감정 영역은 오직 서사만이 깨울 수 있다.

둘째, 구체성의 상실 때문이다. 비전이 추상적일수록 숫자에 의존하게 된다. 숫자는 명확해 보이지만, 정작 무엇을 위해 뛰는지에 대한 구체적인 이미지를 제공하지 못한다.

셋째, 공감의 귀찮음 때문이다. 이야기를 만드는 것은 팀원의 가치관과 고통을 깊이 들여다봐야 하는 고된 작업이다. 데이터를 던져주는 것이 리더 입장에선 훨씬 편하기 때문이다.

임 상무의 '숫자 대신 편지'

반도체 장비 회사 영업본부를 이끄는 임 상무는 분기 실적 보고를 언제나 숫자로만 시작했다. 팀원들은 보고서를 받아 들고 고개를 끄덕였지만, 눈빛에는 아무런 생기가 없었다.

어느 날 임 상무는 실험 삼아 보고서 첫 페이지를 바꿨다. 우리 장비를 도입한 고객사 연구소장이 보내온 감사편지를 그대로 실은 것이다. "당신들의 장비 덕분에 10년 된 숙원 연구가 마침내 결실을 맺었습니다. 팀원들에게 꼭 전해주십시오."

보고서가 배포되던 날, 팀원들이 삼삼오오 모여 그 편지를 읽는 모습이 보였다. 몇몇은 말 없이 고개를 끄덕였다. 그날 이후, 임 상무는 모든 목표설정 미팅을 '고객의 목소리'로 시작했다. 숫자가 아닌 '기여'를 확인하는 순간, 팀원들의 몰입도는 차원이 달라졌다.

마음을 움직이는 '3요소 서사' 전략

AI가 팩트를 전달할 때, 리더는 다음의 3가지 요소를 엮어 이야기를 완성해야 한다.

1) 주인공 : 우리와 고객의 이야기

이야기에는 반드시 사람이 있어야 한다. 성공적인 스토리텔링은 듣는 이로 하여금 자신이 그 이야기의 주인공이라고 느끼게 만드는 것이다. 우리 팀의 노력이 고객의 삶을 어떻게 바꾸었는지, 그 과정에서 팀원 개개인이 어떻게 성장했는지를 보여주어야 한다.

2) 갈등과 극복 : 실패의 가치를 담은 서사

완벽한 성공담은 재미도 없고 신뢰도 가지 않는다. 리더가 겪었던 실패, 팀이 마주했던 한계, 그리고 그것을 어떻게 함께 돌파했는지의 '고군분투기'가 담겨야 한다. 리더가 자신의 취약함을 드러낼 때 구성원들은 더 큰 용기를 얻는다.

3) 미래의 그림 : 숫자 너머의 풍경

'시장점유율 1위' 대신 '전 세계 아이들이 우리 앱을 보며 웃는 모습'을 묘사하라. 리더의 가장 큰 책무 중 하나는 '희망의 시각화'이다. 숫자가 달성된 후 우리 팀의 일상이 어떻게 더 의미 있게 바뀔지를 생생하게 들려주어야 한다.

실행 과제

리더를 위한 '스토리 빌딩' 실천 3단계

1단계) Data-to-Drama 변환을 실천하라

보고서의 첫 페이지를 숫자가 아닌 사례로 시작하라. "이번 달 효율이 15% 올랐습니다"라고 말하기 전에, "지난주 AI 툴 덕분에 퇴근을 2시간 일찍 해서 아이 생일 파티에 늦지 않았다는 박 대리님의 이야기를 들었습니다. 이번 달 15%의 효율은 우리 팀원들의 저녁이 있는 삶을 의미합니다"라고 말하라.

2단계) 나의 실패를 꺼내라

리더의 완벽함은 거리감을 만들지만, 리더의 실수는 친밀감을 만든다. "저도 처음 AI를 도입할 때 엉뚱한 프롬프트를 넣어서 밤새 고생한 적이 있습니다. 시행착오는 당연한 겁니다. 우리가 배우고 있다는 증거니까요."

3단계) 고객의 감사편지를 공유하라

숫자보다 강력한 것은 고객의 목소리다. 우리 제품이나 서비스로 삶이 개선된 고객의 사연을 팀원들과 정기적으로 공유하라. 우리가 왜 이 자리에 있는지에 대한 존재의 이유를 일깨워 준다.

> **Leadership** Insight
>
> ### 숫자는 머리에 남지만, 이야기는 가슴에 남는다
>
> 이야기는 지식을 전달하는 가장 오래되고 강력한 기술이다. AI 시대, 리더의 진짜 실력은 조직이라는 무대에서 팀원을 위대한 서사의 주인공으로 세워주는 것이다. 당신의 팀원들은 오늘 어떤 이야기를 가슴에 품고 퇴근했는지 생각해 보자.

Part 4

리더의 품격은
'나'를 아는 용기에서 나온다

자기인식과 메타인지 리더십

01

리더십은
'자기인식'에서 시작된다

비전을 세우고, AI 도구를 익히며, 팀원들과 인간적으로 소통하는 법을 익혔다면 이제는 가장 본질적인 질문 앞에 서야 한다.

'이 모든 것을 수행하는 '나'는 대체 누구인가?'

리더십의 모든 전략과 기술은 리더라는 그릇 위에 담긴다. 그릇이 깨져 있거나 불투명하면 아무리 훌륭한 전략도 오염될 수밖에 없다. AI가 인간의 지능을 대체하겠다고 위협하는 시대에, 역설적으로 리더가 갖추어야 할 가장 강력한 경쟁력은 기술적 전문성이 아니라 '나는 누구이며, 지금 어떤 상태인가'를 정확히 아는 자기인식Self-Awareness의 힘이다.

'나는 나를 잘 안다'는 리더의 치명적인 착각

"저는 제 성격도 잘 알고, 장단점도 파악하고 있습니다. 솔직히 이렇게 바쁜데 나를 들여다볼 시간이 어디 있습니까?" 교육 현장에서 만나는 다수의 리더들은 자신이 높은 자기인식을 갖추고 있다고 자신한다. 하지만 냉정하게 묻고 싶다. 그것은 당신의 생각인가, 아니면 객관적인 진실인가?

조직심리학자 타샤 유릭 박사는 4년 동안 5,000여 명을 대상으로 진행한 연구에서 충격적인 결과를 확인했다. 자신이 자기인식이 높다고 믿는 사람 중 실제로 그러한 사람은 겨우 10~15%에 불과하다는 것이다. 이처럼 대부분의 리더는 사각지대Blind Spot에 갇힌 채, 자신의 결점을 카리스마로, 독단을 결단력으로 포장하곤 한다. AI가 객관적인 수치로 성과를 증명하는 시대에, 리더 혼자 자아도취의 섬에 갇혀 있다면 그 조직의 미래는 암담할 수밖에 없다.

권력의 마취 효과와 내적·외적 인식의 불균형

왜 리더의 지위가 높아질수록 자기인식은 오히려 낮아질까?

첫째, 권력의 마취 효과 때문이다. UC 버클리 심리학과 대커 켈트너 교수는 "권력을 가진 뇌가 타인의 피드백을 수용하는 기능을 억제한다"고 설명한다. 내가 이 자리에 오른 건 내 방식이 맞았기 때문이라는 확신이 스스로를 가두는 벽이 된다.

둘째, 내적 자기인식과 외적 자기인식의 괴리 때문이다. 스스로를 아는 '내적 인식'과 타인이 나를 보는 '외적 인식' 사이에는 큰 간극이 존재한다. 많은 리더가 내적으로는 당당하지만, 자신이 팀원들에게 어떤 공포나 혼란을 주는지 전혀 모르는 반쪽짜리 인식에 머물러 있다.

셋째, 성찰의 사치화 때문이다. 바쁜 업무 속에서 나를 돌아보는 것을 성과와 무관한 한가로운 소리로 치부하는 경향이 강하다.

박 팀장의 '360도 리더십 진단 평가'의 충격

물류회사 운송팀의 박 팀장은 20년 넘게 현장에서 잔뼈가 굵은 사람이었다. 스스로 소통이 잘되는 리더라는 확신이 있었다.

하지만 박 팀장은 처음 도입된 회사 다면평가 결과를 보고 경악했다. '의사결정 과정에서 팀원의 의견을 실제로 반영한다'는 항목에 본인은 4.2점을 줬지만, 팀원들의 평균은 1.9점에 불과했다.

박 팀장은 한동안 그 숫자를 들여다봤다. 그는 회의 때마다 "어떻게 생각해요?"라고 의견을 물었기에 스스로 소통을 잘한다고 믿었지만, 팀원들 눈에 그 질문은 형식일 뿐이었다. 이미 결론을 정해둔 채 듣는 척만 하는 리더의 모습이 점수로 드러난 것이다.

박 팀장은 방식을 바꿔보기로 했다. 매주 금요일 오후, 팀원 한 명과 커피를 마시며 딱 한 가지만 물었다. "이번 주에 제가 모르고 지나친 게 있다면 무엇일까요?" 처음엔 "별로 없어요"라는 대답이 돌아왔다. 하지만 세 번째 주부터 달라졌다. 5년 차 이 과장이 "지난주 거래처 미팅 건인데요. 팀장님이 결정하시기 전에 저한테 한 번만 물어봐 주셨으면 했어요. 그쪽 담당자 성향을 제가 더 잘 아는데"라고 답했고, 박 팀장은 "그랬군요. 다음엔 먼저 물어볼게요"

라고 답했다.

이후 박 팀장이 팀원들의 이야기를 진심으로 듣기 시작했다는 사실이 알려지자 금요일 커피타임을 기다리는 팀원들이 생겼다. 1년 뒤, 그의 소통 항목 점수는 3.8점으로 올라 있었다. 박 팀장이 바꾼 것은 '매주 금요일 30분'이었다.

진정한 북극성_{True North}을 찾는 자기인식 전략

AI가 모든 답을 주는 시대일수록 리더는 자신의 가치와 정체성을 명확히 해야 한다.

1) Why 대신 What으로 질문하라

자기인식을 높이기 위해 리더는 "나는 왜_{Why} 이럴까?"라는 자학적인 질문 대신 "지금 나에게 일어나고 있는 사실_{What}은 무엇인가?"라고 물어야 한다. '왜 팀원들이 내 말을 안 듣지?'가 아니라, '지금 팀원들이 내 말에 침묵하는 현상은 무엇을 의미하는가?'로 시선을 옮길 때 비로소 자각이 시작된다.

2) 진정한 리더십의 뿌리를 찾아라

자기인식은 리더십의 시작점이자 끝이다. 자신의 삶의 궤적을 돌아보고, 소중히 여기는 가치를 명확히 아는 리더만이 위기의 순간에 흔들리지 않는 의사결정을 내릴 수 있다.

3) 사각지대를 비추는 용기 있는 피드백을 구하라

리더에게 가장 필요한 것은 자신을 비판해 줄 수 있는 소수의 진실한 거울이다. AI가 데이터로 자신을 평가하기 전에 리더 스스로 주변의 목소리를 통해 자신의 그림자를 마주하는 용기가 필요하다.

리더를 위한 '자기인식' 훈련 3단계

1단계) 'Daily Review' 5분 일기를 써라

잠들기 전, 오늘 하루 리더로서 가장 자랑스러웠던 순간과 가장 후회스러웠던 순간을 한 문장씩 적어라. "오늘 회의에서 김 대리의 말을 끊은 것은 나의 불안 때문이었는가, 조급함 때문이었는가?" 이 짧은 기록이 메타인지의 기초가 된다.

2단계) '피드백 파트너'를 지정하라

조직 내에서 가장 쓴소리를 잘하는 동료나 후배를 정해 정기적으로 물어라. "오늘 제가 회의를 진행할 때, 팀원들의 에너지를 뺏는 행동이 있었다면 무엇이었나요?"

3단계) 가치카드 정렬을 실천하라

리더십에서 절대 포기할 수 없는 핵심가치 3가지(예 : 정직, 도전, 배려, 윤리, 진심, 소통 등)를 명확히 정의하라. AI가 효율적인 대안을 제시할 때, 그 제안이 나의 핵심가치와 충돌하지 않는지 검토하는 것이 중요하다.

최고의 리더십 도구는 바로 당신 자신이다

자기인식은 리더십의 근육과 같다. 사용하지 않으면 서서히 퇴화한다. AI는 당신의 업무를 대신 처리할 수 있지만, 당신의 인격과 철학을 대신할 수는 없다. 나를 아는 만큼만 남을 이끌 수 있고, 나를 이기는 만큼만 조직을 혁신할 수 있다. 오늘 당신은 거울 속의 자신과 얼마나 정직하게 마주했는지 생각해 보자.

02

거울 앞에 서기 :
나의 강점과 약점 정직하게 마주하기

자기인식이 리더십의 뿌리임을 깨달았다면, 이제는 그 뿌리가 어떤 토양에 박혀 있는지 구체적으로 파악해야 한다. 리더십은 리더의 강점을 극대화하고 약점을 보완하는 과정에서 결실을 맺는다. 하지만 많은 리더가 자신의 강점은 당연하게 여기고, 약점은 보이지 않는 곳으로 숨기기에 급급하다. AI가 조직의 강점과 약점을 데이터로 가차 없이 분석해 내는 시대에, 리더가 스스로의 실체를 외면하는 것은 눈 가리고 아웅 하는 격이다. 리더는 거울 앞에 당당히 서서 자신의 빛과 그림자를 정직하게 마주하는 용기 있는 관찰자가 되어야 한다.

"나는 모든 것을 잘해야 한다"

"리더가 약점을 보이면 권위가 떨어지지 않을까요? 팀원들이 나를 무시할까 봐 두렵습니다." 현장에서 만나는 리더들이 가장 많이 호소하는 불안이다. 이들은 약점을 감추기 위해 모든 것을 아는 척하거나, 잘하지 못하는 일까지 직접 움켜쥐며 마이크로 매니징의 늪에 빠진다.

하버드 교육대학원 로버트 케이건 교수와 리사 레이히 교수는 이를 '두 번째 업무'라고 부른다. 조직의 많은 구성원이 자신의 결함을 숨기고, 좋은 인상을 관리하며, 자신을 보호하는 데 에너지를 소진하고 있다는 것이다. 리더가 완벽을 연기할 때 조직의 속도는 느려지고, 팀원들은 리더의 눈치를 보느라 진짜 중요한 성과에 집중하지 못한다. 역설적으로 리더의 진짜 권위는 약점이 없는 상태가 아니라, 자신의 약점을 알고 이를 팀원의 강점으로 메울 줄 아는 개방성에서 나온다.

강점의 과용과 약점의 방어기제

왜 리더는 자신의 강점과 약점을 객관적으로 보지 못할까?

첫째, 강점의 함정 때문이다. 리더의 실패 원인은 대개 약점이 아니라 지나친 강점에 있다. 추진력이 강점인 리더가 이를 과용하면 독단이 되고, 분석력이 강점인 리더가 과용하면 결정장애가 된다.

둘째, 심리적 면역체계 때문이다. 인간은 변화하고 싶어 하면서도 한편으로는 자신을 보호하려는 무의식적 약속을 가지고 있다. 약점을 인정하는 것을 생존에 대한 위협으로 느끼는 본능적 방어기제 때문이다.

셋째, 피드백의 진공 상태 때문이다. 직급이 올라갈수록 리더에게 진실을 말해 주는 사람은 사라지고, 리더는 자신의 강점만 비대해진 기형적 자아를 가지게 된다.

안 팀장의 '완벽주의 비용'

30대 후반에 팀장이 된 안 팀장은 팀원들의 보고서에 손을 대지 않은 적이 없었다. 표 정렬이 조금만 어긋나도 직접 고쳤고, 발표자료는 팀원이 퇴근한 뒤 혼자 남아 다시 만들었다. 겉으로는 완성도를 위해서라고 했지만, 속으로는 팀원의 결과물이 부실하면 팀장인 자신이 허술해 보인다는 불안이 컸다. 팀원들은 처음엔 고마워했지만 어차피 팀장이 고칠 테니 초안을 대충 내기 시작했고, 성취감을 잃어갔다.

연말 성과면담에서 5년 차 류 대리는 "팀장님이 항상 고쳐주시니까 저희가 굳이 잘할 필요가 없는 것 같아요. 제가 성장하고 있는 건지 모르겠어요"라고 뼈아픈 말을 남겼다.

안 팀장은 큰 충격을 받고 다음 회의에서 예상 밖의 말을 꺼냈다. "사실 저는 데이터 시각화에 약해요. 류 대리가 저보다 훨씬 잘하더라고요. 앞으로 그 부분을 맡아줄 수 있어요?" 회의실이 잠깐 조용해졌다. 팀원들은 눈빛을 교환했다. 처음 듣는 말이었다.

그날 이후 분위기가 달라졌다. 팀원들이 보고서를 더 공들여 만들어 왔다. 안 팀장이 손대기 전에 먼저 "이 부분은 제가 더 보완할게요”라고 말하는 팀원이 생겼다. 완벽한 팀장 밑에서는 아무도 성장할 필요를 못 느꼈는데, 솔직한 팀장 밑에서는 각자가 채워야 할 자리가 생겼다.

강점 기반 리더십과 약점의 전략적 공유

AI 시대의 리더는 모든 것을 잘하는 슈퍼맨이 아니라, 최고의 팀을 구성하는 오케스트라 지휘자가 되어야 한다.

1) 강점의 발견과 집중

전 갤럽 조직 수석 연구원이었던 마커스 버킹엄은 “약점을 보완하는 데 에너지를 쓰지 말고, 강점을 극대화하는 데 집중해야 한다”고 조언한다. 리더가 자신이 가장 잘하는 영역에 집중할 때 비로소 조직의 성과가 폭발한다. 자신이 잘하지 못하는 기계적 데이터 처리나 단순 반복업무는 AI와 팀원에게 과감히 넘겨야 한다.

2) 취약성을 드러내는 리더십

취약함은 약함이 아니라 가장 정확한 용기의 척도이다. 리더가 나는 이 부분에 약하니 여러분의 도움이 필요하다고 말할 때, 팀원들은 비로소 자신의 존재 가치를 느끼고 자발적으로 헌신하기 시작한다.

3) AI를 통한 객관적 자기분석

주관적 느낌만으로 자신을 파악하는 데는 한계가 있다. 갤럽의 강점진단CliftonStrengths/StrengthsFinder 도구나 AI 기반의 다면평가 데이터를 통해 나의 리더십 스타일을 파악하고, 이를 팀원들과 공유하며 서로의 퍼즐 조각을 맞춰가는 과정이 필요하다.

리더를 위한 '강점·약점 지도 그리기' 3단계

1단계) 에너지 일기를 작성하라

일주일 동안 내가 하는 업무 리스트를 적고, 그 일을 할 때 에너지가 차오르는지Strengths 아니면 소모되는지Weaknesses 표시하라. 에너지가 소모되는 일은 당신의 약점일 가능성이 높다. 그 업무는 AI나 해당 분야에 강점이 있는 팀원에게 위임할 후보군이다.

2단계) 나의 취약성 선언을 하라

회의에서 자신의 약점을 공식적으로 공유하라. "저는 세밀한 수치 검토보다는 큰 방향을 잡는 데 강점이 있습니다. 그래서 디테일한 부분에서 실수를 할 때가 있으니, 꼼꼼함이 강점인 이 대리님이 그 부분을 보완해 주면 큰 힘이 되겠습니다."

3단계) 강점정렬 회의를 열어라

팀원들의 강점을 모두 파악한 뒤, 리더의 약점과 팀원의 강점이 만나는 지점을 매핑하라. 리더가 완벽하지 않다는 것을 선언하는 순간, 팀은 비로소 상호보완적 구조로 나아간다.

거울 속의 약점을 지우려 하지 말고, 그 옆에 강점을 가진 사람을 세워라

진정한 리더십은 약점이 없는 상태가 아니라, 강점으로 약점을 압도하는 상태이다. AI는 당신의 약점을 가차 없이 찾아낼 수 있지만, 그 약점을 팀원들과의 유대로 승화시키는 것은 오직 인간 리더만이 할 수 있다. 오늘 당신은 자신의 부족함을 인정하며 누구에게 도움을 요청했는지 생각해 보자.

03

나는 어떤 리더인가 : 리더십 철학 세우기

자신의 강점과 약점을 정직하게 마주하는 것이 리더십의 설계도를 확인하는 작업이라면, 리더십 철학을 세우는 것은 그 위에 기둥을 세우는 일이다. 설계도가 아무리 정교해도 기둥이 부실하면 조직이라는 집은 위기의 순간에 쉽게 흔들린다. AI가 효율성과 최적화라는 이름으로 수많은 선택지를 던져주는 시대에, 리더가 '나는 무엇을 위해 존재하는가?' '나는 어떤 가치를 지키는 리더인가?'에 대한 명확한 답이 없다면 기술의 속도에 매몰되어 방향을 잃고 만다.

리더십 철학은 단순한 구호가 아니라, 리더가 내리는 모든 결정의 최후 보루이자 조직의 북극성이다.

"좋은 리더가 되고 싶지만, 정작 어떤 리더인지는 모릅니다"

현장에서 만나는 리더들에게 "당신의 리더십 철학은 무엇입니까?"라고 물으면 대개 당황한다. "글쎄요, 팀원들과 잘 지내는 것?" "성과를 잘 내는 것?"과 같이 모호한 답변이 돌아오기 일쑤다.

철학이 부재한 리더십은 기분에 따라 원칙이 바뀌고, 상황에 따라 메시지가 달라진다. 이런 불일치는 팀원들에게 큰 불안감을 준다. 하버드 경영대학원 빌 조지 교수는 이를 '가면 쓴 리더십'이라 경고한다. 남들이 좋다고 말하는 리더십 스타일을 흉내 낼 뿐, 내면에서 우러나오는 철학이 없으면 결국 위기의 순간에 밑천이 드러나고 만다. AI가 데이터로 일관성을 유지할 때, 리더는 자신만의 고유한 가치로 신뢰의 일관성을 증명해야 한다.

성공 방정식의 고착화와 '아웃사이트'의 부족

왜 리더는 자신만의 리더십 철학을 갖지 못할까?

첫째, 과거의 성공 경험에 갇혀 있기 때문이다. 런던비즈니스스쿨 조직행동학 허미니아 이바라 교수는 리더가 과거의 성공방식을 자신의 정체성으로 착각하는 '진정성의 역설'을 지적한다. 시대는 변했는데 낡은 철학을 고수하는 것이다.

둘째, 가치관의 위계가 없기 때문이다. 소중하게 생각하는 가치는 많지만, 성과와 사람처럼 가치가 충돌하는 순간 무엇을 우선할지는 서열화되어 있지 않다.

셋째, 성찰보다 실행을 우선하기 때문이다. 리더십을 '생각'하는 것이 아니라 '하는 것'으로만 보기 때문에, 자신의 행동 뒤에 숨은 철학적 근거를 정리할 시간을 갖지 못한다.

정 대표의 '철학 없는 3년'

IT 스타트업을 창업한 개발자 출신 정 대표는 코드는 자신 있었지만 리더십은 생소한 영역이었다. 다섯 명이 한 방에 붙어 일할 때는 "이번 주 안에 끝냅시다"는 지시만으로 충분했다.

그런데 조직이 스무 명을 넘어서면서 상황이 달라졌다. 투자 마감이 코앞이면 정 대표는 밤 11시에도 '내일 오전까지 가능하죠?'라고 메시지를 보내 독촉하기도 했고, 어느 날은 관대하게 일찍 퇴근시키기도 했다. 팀원들은 매일 아침 '대표님 모드'가 무엇인지 눈치를 봐야 했다.

결국 창업 멤버 중 개발 총괄이 먼저 나갔다. 한 달 뒤 디자인 리드도 사직서를 냈다. 정 대표는 단순히 처우 문제라고 생각했다. 하지만 개발 총괄이 남긴 "대표님이 어떤 회사를 만들고 싶은 건지 끝내 몰랐다"는 말은 정 대표에게 큰 충격을 주었다. 그는 유연한 리더십이라고 자위했지만, 팀원들 눈에는 예측 불가능하고 방향타 없는 조직일 뿐이었다.

정 대표는 스스로에게 물었다. "나는 어떤 조직을 만들고 싶은가? 빠른 성장인가, 오래 함께하는 팀인가? 성과인가, 사람인가?" 3년 만에 마주한 이 질문이 그의 리더십 기둥을 세우는 시작점이 되었다.

그 후 정 대표는 전체 회의에서 처음으로 자신의 이야기를 꺼냈다. 어떤 회사를 만들고 싶은지, 빠른 성장보다 지속 가능한 팀을 우선하겠다는 것, 그러려면 자신이 어떻게 달라져야 하는지 등을 차근차근 이야기했다. 회의가 끝나고 한 팀원이 말했다. "대표님에게 이런 이야기 처음 들어요." 칭찬인지 지적인지 모를 말이었다. 정 대표는 둘 다라고 생각했다.

'북극성'과 정체성 실험

AI가 다양한 전략을 제안할 때, 리더는 자신의 철학이라는 필터로 이를 걸러내야 한다.

1) 나만의 북극성을 발견하라

최고의 리더는 자신의 삶의 궤적에서 얻은 교훈을 바탕으로 진정한 북극성True North을 찾은 사람이다. '내가 가장 힘들었을 때 나를 지탱해 준 가치는 무엇인가?' '내가 가장 분노하는 순간은 언제인가?' 이 질문들에 대한 답이 리더십 철학의 원재료가 된다.

2) 리더십 정체성의 아웃사이트Outsight를 활용하라

철학은 고정된 것이 아니라 행동을 통해 진화한다. "나는 이런 리더야"라고 선언에만 그치지 말고, 새로운 소통방식을 시도하며, 그 과정에서 자신에게 맞는 철학을 정교화하는 실천적 정체성을 확립해야 한다.

3) 가치 기반 의사결정을 실천하라

AI 시대의 리더는 속도보다 방향을 결정하는 사람이다. AI가 가장 효율적인 선택을 제안하더라도, 그 선택이 팀원의 성장 기회를 빼앗는다면 다른 길을 선택할 수도 있어야 한다. 이것이 바로 기계가 흉내 낼 수 없는 리더십의 '격'이다.

리더를 위한 '철학 정립' 실천 3단계

1단계) 리더십 유산 질문을 던져라

자신이 은퇴하는 날, 팀원들이 나를 어떤 단어로 기억해 주길 바라는가? "그분은 결과도 냈지만, 무엇보다 나를 한 명의 전문가로 존중해 준 분이야." 여기서 추출된 단어(존중, 소통, 전문성 등)가 당신의 핵심철학 후보다.

2단계) 가치 상충 시뮬레이션을 돌려라

'성과를 위해 팀원의 휴가를 취소해야 하는 상황이라면 나는 어떻게 할 것인가?'와 같은 딜레마 상황을 가정해 보자. 이때 내가 내리는 결정의 기준이 나의 진짜 철학이다. 이 기준을 명문화하라.

3단계) 리더십 사용설명서를 팀원들과 공유하라

정립된 철학을 팀원들에게 공개하라. "저의 리더십 철학은 여러분께 심리적 안전감을 주는 것입니다. 그래서 저는 결과보다 과정을 먼저 물을 것이고, 여러분의 실패를 성장의 발판으로 삼을 것입니다.” 이 선언은 팀원들에게 예측 가능한 리더십을 제공한다.

철학이 없는 리더는 기술의 노예가 되고, 철학이 있는 리더는 기술의 주인이 된다

AI는 당신의 업무를 효율화해 주지만, 당신이 '왜' 그 일을 하는지 알려주지는 않는다. 그 의미를 부여하는 것은 오직 당신의 철학뿐이다. 오늘 당신은 당신의 철학에 부끄럽지 않은 결정을 내렸는지 생각해 보자.

04

내 생각에 대해 생각하기 :
메타인지의 마법

나의 강점과 약점을 정직하게 마주하고 나만의 리더십 철학을 세웠다면, 이제 그 철학을 현실에서 작동시키는 사고의 엔진을 점검해야 한다. 리더는 하루에도 수십 번씩 판단하고 결정한다. 그런데 그 판단은 과연 합리적인가? 혹시 과거의 관성이나 순간적인 기분에 휩쓸린 것은 아닌가? AI가 수억 개의 데이터를 단 몇 초 만에 처리하며 최적의 답을 내놓는 시대에, 리더가 가져야 할 최후의 보루는 바로 자신의 생각 과정을 한 발 떨어져 관찰하는 능력, 즉 메타인지Metacognition의 마법이다.

메타인지란 1970년대 발달심리학자 존 플라벨이 제안한 개념으로, 자신의 사고 과정을 인식하고 점검하며 조절하는 능력을 의미한다. 쉽게 말해 '나는 지금 제대로 생각하고 있는가?'를 스스로 묻는 능력이다.

"나는 다 알고 있다는 확신이 조직을 망친다"

"이 사업은 무조건 됩니다. 내 직관은 틀린 적이 없거든요." 리더의 강한 확신은 때로 조직을 일사불란하게 움직이게 하지만, 때로는 거대한 절벽으로 몰아넣기도 한다. 리더십에서 가장 무서운 순간은 '모른다는 사실 자체를 모를 때'다.

바너드 칼리지 심리학과 리사 손 교수는 이를 '인지적 자만'이라 부른다. 메타인지가 낮은 리더는 자신이 무엇을 알고 무엇을 모르는지 구분하지 못하며, 자신의 판단 오류를 수정할 기회를 스스로 차단한다. AI가 모든 정보를 완벽하게 정리해 주는 시대에, 리더가 생각의 한계를 인정하지 않는다면 AI는 리더의 편향을 증폭시키는 위험한 도구가 될 뿐이다.

빠른 사고의 유혹과 '더닝-크루거 효과'

왜 리더는 자신의 생각을 객관화하는 데 서툴까?

첫째, 더닝-크루거Dunning-Kruger effect 효과 때문이다. 능력이 부족한 사람일수록 자신의 무지를 인식하지 못해 스스로를 과대평가한다. 반면 숙련된 리더는 전문성과 권한이 커질수록 경험이 많아서 오히려 자신의 판단을 의심하지 않고 자신이 틀릴 가능성을 의식하지 않는 과신편향Overconfidence Bias에 빠지기 쉽다.

둘째, 직관적 사고의 과부하 때문이다. 노벨경제학상 수상자인 대니얼 카너먼이 말한 것처럼 인간은 빠르고 직관적인 '시스템 1'

과 깊이 있는 성찰(시스템 2)을 함께 사용한다. 문제는 바쁜 리더일수록 늘 시스템 1로만 결정하려 한다는 점이다. 메타인지는 멈추고 다시 생각하는 힘인데, 속도에 쫓기면 그 힘이 가장 먼저 사라진다.

셋째, 지적 겸손의 부족 때문이다. 와튼스쿨의 필립 테틀록 교수는 '뛰어난 의사결정자는 자신이 틀릴 수 있다는 사실을 끊임없이 상기하는 사람'이라고 강조한다. 하지만 권위주의적 리더십 환경에서는 "모른다"는 말이 약점처럼 여겨진다. 그 결과 리더는 더 확신하는 척하고, 더 빨리 결론을 내리려 한다.

권 전무의 '확신의 함정'

대기업 신사업본부의 권 전무는 30년 업력에서 나오는 자신의 직관을 굳게 믿었다. 틀린 적보다 맞은 적이 훨씬 많았고, 본인도 그걸 알았다. AI 기반 고객 분석 플랫폼 도입 여부를 논의하는 회의에서 팀장들이 고객 세그먼트 정밀도가 올라가고, 마케팅 비용을 줄일 수 있다며 도입 검토 의견을 냈다. 자료도 있었고 외부 사례도 붙어 있었다.

권 전무는 자료를 훑다가 짧게 말했다. "내가 이 업계를 20년 넘게 봐왔는데, 이런 AI 분석 툴은 몇 년에 한 번씩 나왔다 사라지는 거야. 지금 당장 도입할 이유가 없어요." 팀장들은 더 말을 잇지 않았다. 권 전무가 단호하게 말하면 대부분 그렇게 끝났다.

하지만 6개월 뒤 경쟁사가 해당 플랫폼을 도입해 시장점유율을

15%나 끌어올렸다. 권 전무는 보고서를 보고 나서야 자신의 확신이 '낡은 경험'에 갇혀 있었음을 깨달았다.

나중에 그 회의에 있었던 팀장 중 한 명이 조용히 말했다. "사실 저희도 확신은 없었어요. 그런데 전무님이 그렇게 단호하시니까 더 말을 못 했어요." 권 전무는 그 말이 더 오래 남았다. 자신의 확신이 틀렸던 것도 문제였지만, 더 큰 문제는 그의 단호한 확신이 팀원들의 입을 닫게 만들었다는 사실이었다.

생각을 관찰하는 리더의 안목

AI 시대의 리더는 자신의 뇌 속에 있는 사고의 CCTV를 켜야 한다.

1) 모니터링과 컨트롤을 분리하라

메타인지의 핵심은 현재 내가 무엇을 하고 있는지 관찰하는 '모니터링'과 그 관찰을 바탕으로 행동을 수정하는 '컨트롤'이다. 리더는 회의 중 화가 날 때 '내가 지금 화가 났구나'를 자각(모니터링)하고, '이 감정이 회의의 목적에 도움이 되는가?'를 질문(컨트롤)해야 한다.

2) 고슴도치보다 여우처럼 사고하라

세상을 하나의 큰 원리로만 보는 '고슴도치형 리더'보다, 다양한 정보를 수집하고 자신의 가설을 끊임없이 수정하는 '여우형 리더'가 훨씬 정확한 예측을 한다. AI가 주는 데이터를 맹신하지 않고, 그 데이터가 가진 한계를 의심하는 유연함이 바로 메타인지의 힘이다.

3) 성장 마인드셋으로 인지적 유연성을 확보하라

스탠퍼드대학교 심리학과 캐럴 드웩 교수는 "자신의 지식을 완성형이 아닌 진행형으로 볼 때, 즉 성장 마인드셋Growth Mindset을 갖출 때 메타인지가 활성화된다"고 말한다. '나는 이 분야 전문가니까 내 말이 맞아'가 아니라 '현재 내 정보로는 이게 최선이지만, 다른 의견이 있다면 내 생각이 바뀔 수 있다'는 태도가 필요하다.

실행 과제

리더를 위한 '메타인지' 훈련 3단계

1단계) 판단일지를 기록하라

중요한 결정을 내릴 때마다 3가지를 적어라. '내가 이 결정을 내린 근거는 무엇인가?' '내가 이 결정에서 느끼는 확신 점수는 몇 점인가?' '만약 이 결정이 틀린다면, 그 이유는 무엇일까?' 결과가 나온 뒤 이 일지를 복기하는 과정에서 리더의 메타인지는 비약적으로 성장한다.

2단계) 모른다고 말하는 연습을 하라

회의 중 생소한 기술용어나 개념이 나오면 아는 척하지 말고 물어라. "그 개념에 대해서는 제가 정확히 알지 못합니다. 다시 한번 설명해 주겠어요?" 리더가 무지를 인정할 때, 조직의 메타인지 수준도 함께 올라간다.

3단계) 생각의 거리두기를 실천하라

갈등상황이나 격앙된 순간에 자신을 3인칭으로 바라보라. '지금 나는 왜 이 제안에 대해 부정적으로 반응하고 있는가?'처럼 주어를 '나'에서 '그(그녀)'로 바꾸는 것만으로도 감정의 소용돌이에서 벗어나 냉철한 메타인지를 가동할 수 있다.

Leadership Insight

AI는 계산을 하지만, 리더는 성찰을 한다

메타인지는 인간만이 가진 고유한 능력이며, 이는 모름을 인정하는 용기에서 시작된다. AI는 자신이 왜 그 답을 내놓았는지 스스로 질문하지 못한다. 하지만 리더는 할 수 있다. 오늘 당신은 당신의 생각이 흐르는 길을 얼마나 깊이 들여다보았는지 생각해 보자.

05

내 감정의 주인 되기 :
감정 자각과 조절

자신의 사고 과정을 객관화하는 메타인지가 리더십의 머리를 맑게 하는 작업이라면, 감정 자각과 조절은 리더십의 가슴을 다스리는 일이다. 리더는 로봇이 아니다. 매 순간 성과압박, 대인관계의 갈등, 불확실한 미래에 대한 불안 속에서 소용돌이치는 감정을 느낀다. AI는 지치지 않고 감정 기복 없이 데이터를 처리하지만, 인간 리더는 감정의 날씨에 따라 판단이 흐려지기도 하고 팀 분위기를 얼어붙게 만들기도 한다. 이제 리더는 자신의 감정을 억누르는 것이 아니라, 그 감정이 보내는 신호를 정확히 읽고 조절하는 정서적 민첩성을 갖춰야 한다.

"리더의 나쁜 기분은 조직의 비싼 세금이다"

"오늘 팀장님 기분 어때?" 출근하자마자 팀원들이 서로 주고받는 이 질문은 조직의 생산성이 어디로 새고 있는지를 극명하게 보여준다. 리더가 자신의 감정을 조절하지 못해 화를 내거나 불안을 전염시킬 때, 팀원들은 창의적인 일보다 리더의 기분을 맞추는 데 에너지를 쏟게 된다.

예일 의과대학 마크 브래킷 교수는 이를 '감정의 전염'이라 부른다. 특히 권력을 가진 리더의 감정은 조직 전체로 빠르게 퍼져나간다. 리더가 감정의 주인이 되지 못하면, 아무리 훌륭한 전략을 가져와도 조직은 공포와 경직 속에 갇혀 제 실력을 발휘하지 못한다. 따라서 리더의 감정관리는 개인의 수양이 아니라, 조직의 성과를 지키기 위한 최우선 경영 과제다.

감정의 회피와 억압, 그리고 감정적 경직

왜 리더들은 감정을 다스리는 데 서툴까?

첫째, 감정 억제 교육 때문이다. 리더는 감정을 드러내선 안 된다는 과거의 관습이 감정을 무조건 누르게 만들었다. 하지만 억압된 감정은 반드시 왜곡된 형태로 폭발한다.

둘째, 감정적 경직Emotional Rigidity 때문이다. 불편한 감정을 느낄 때 사람들은 감정을 무시하거나, 감정에 완전히 휩쓸리게 된다. 이때 정서적 민첩성을 발휘해야 한다. 정서적 민첩성이란 감정을 외면하지도, 감정에 끌려가지도 않는 유연함이다.

셋째, 인지적 부하 때문이다. AI 시대의 빠른 변화 속에서 뇌가 처리해야 할 정보가 너무 많아지면, 감정을 조절하는 전두엽의 기능이 약해지고 본능적인 편도체가 지배하는 감정적 하이재킹 상태에 빠지기 쉽다. 감정적 하이재킹은 대니얼 골먼이 정의한 개념으로, 이성적인 사고를 담당하는 뇌 부위가 감정을 담당하는 부위에 의해 주도권을 빼앗기는 현상이다.

최 상무의 '감정 폭풍 비용'

제조업 영업본부의 최 상무는 실력으로 올라온 사람이었다. 그런 최 상무가 분기 실적이 흔들릴 때 어떻게 되는지, 팀원들은 모두 알고 있었다. 목소리가 올라가고, 말이 짧아지며, 보고 중간에 끊는 것이 다반사였다. 팀원들은 최 상무의 불같은 성격에 적응하기 위해 안 좋은 수치는 뒤로 숨기고 긍정적인 지표 위주로 보고서를 편집하기 시작했다.

3분기 말, 주요 거래처 두 곳이 동시에 계약 갱신을 거절하자 최 상무는 격노했다. 팀장 한 명이 조심스럽게 말했다. "사실 2분기부터 징후가 있었어요. 하지만 보고서에 넣으면 상무님 기분이 안 좋아지실까 봐 뺐습니다."

최 상무는 그 말을 듣고 한동안 아무 말도 하지 않았다. 현장의 신호를 팀원들은 알고 있었지만, 최 상무의 반응이 두려워서 보고서에서 지운 것이다. 실적 부진의 진짜 원인은 시장 상황이 아니라, 나쁜 소식을 말할 수 없게 만든 최 상무의 감정적 장벽 때문이었다.

최 상무는 나쁜 숫자를 가져온 팀원보다, 그 숫자를 숨기게 만든 자신의 감정이 더 큰 문제임을 뼈아프게 깨달았다. 다음 회의 분기 보고서에 처음으로 부진 지역 분석이 첫 페이지에 올라왔다. 최 상무는 그 보고서가 이전 어떤 보고서보다 반가웠다.

정서적 민첩성과 RULER 모델

리더는 자신의 감정을 데이터처럼 객관적으로 바라보고 다룰 수 있어야 한다.

1) 감정의 이름을 정확히 불러라

감정에 이름을 붙이는 것Labeling만으로도 그 감정의 영향력에서 벗어날 수 있다. 단순히 '기분이 안 좋다'가 아니라 '프로젝트 지연에 대해 좌절감을 느낀다'거나 '새로운 기술 도입에 불안함을 느낀다'고 감정을 구체적으로 명명하라. 이 과정이 감정과 나 사이에 거리를 만드는 메타인지적 감정관리의 시작이다.

2) RULER 모델을 실천하라

마크 브래킷 교수는 감성지능을 높이는 5단계 기술로 RULER를 제안한다.

- Recognizing(인식) : 내 몸의 반응과 표정을 통해 감정을 인식한다.
- Understanding(이해) : 이 감정이 왜 생겼는지 원인을 파악한다.

- Labeling(이름 붙이기) : 감정단어를 사용해 명확히 정의한다.
- Expressing(표현) : 상황에 맞게 적절히 감정을 표현한다.
- Regulating(조절) : 감정을 생산적인 방향으로 전환한다.

3) 감정은 '데이터'이지 '지침'이 아니다

감정이 일어나는 것은 자연스러운 현상이지만, 그 감정이 시키는 대로 행동해서는 안 된다. 감정을 의사결정을 돕는 정보로 활용하되, 최종 행동은 리더의 가치에 따라 결정해야 한다.

리더를 위한 '감정조절' 실천 3단계

1단계) 감정의 척도를 점수로 체크하라

매일 아침과 점심, 자신의 에너지와 쾌적도를 10점 만점의 점수로 체크해 봐라. 내가 지금 에너지와 쾌적도가 3점 이하 상태라면 중요한 면담이나 의사결정을 잠시 미루는 지혜가 필요하다.

2단계) 감정 소거 호흡법을 활용하라

강렬한 분노나 불안이 엄습할 때, 즉시 반응하지 말고 90초만 기다려라. 뇌과학자 질 볼트 테일러에 따르면 감정의 화학적 반응이 혈류를 타고 사라지는 데 걸리는 시간은 90초다. 이 시간 동안 심호흡을 하며 감정을 흘려보내라.

3단계) '그럴 수도 있지'의 유연성을 발휘하라

팀원의 실수에 화가 날 때, '어떻게 이럴 수 있어?' 대신 '그럴 수도 있지, 그에게도 나름의 사정이 있었겠지'라고 상황을 재구성 Reframing해 보라. 리더가 유연하게 반응할 때 팀원들은 실수를 감추지 않고 보고하며, 이는 조직의 리스크 관리능력으로 이어진다.

감정은 다스려야 할 대상이지, 숨겨야 할 적이 아니다

감정을 자각하는 것이 리더십의 진정한 슈퍼파워이다. AI는 당신의 기분을 맞춰줄 순 있지만, 당신의 감정이 주는 깊은 통찰과 인간적 연결을 대신할 순 없다. 당신의 감정이 조직의 장벽이 아닌 에너지가 되도록 하라. 오늘 당신은 당신의 감정에게 어떤 이름을 붙여주었는지 생각해 보자.

06

리더십은
끊임없이 자신을 탐구하는 여정이다

감정을 다스리고 생각을 객관화하는 법을 알게 되었다면, 이제는 이를 지속할 수 있는 리듬을 만들어야 한다. 그것은 리더로 존재하는 한 영원히 지속되어야 하는 호흡과도 같다. 우리는 종종 어느 정도 위치에 오르면 리더십이 완성될 것이라는 착각에 빠지곤 한다. 하지만 AI가 매일 새로운 버전을 업데이트하며 진화하듯, 인간 리더 역시 어제의 나를 부정하고 내일의 나를 새롭게 정의하는 과정을 멈추지 말아야 한다.

리더십의 진정한 권위는 모든 것을 통달한 완성형 리더의 모습이 아니라, 자신의 부족함을 인정하며 끊임없이 탐구하는 수행자의 모습에서 나온다.

"나는 이제 배울 만큼 배웠다는 오만이 성장의 벽이 된다"

'나는 수십 년간 조직을 이끌어 왔고, 나만의 확고한 원칙이 있습니다. 이제 와서 뭘 더 탐구합니까?' 이러한 생각은 리더를 경험의 감옥에 가두는 가장 무서운 적이다.

하버드 경영대학원 로버트 S. 케플런 교수는 이를 '리더십의 정체기Leadership Plateau'라 부른다. 일정 수준의 성공을 거둔 리더가 자기성찰을 멈출 때, 그의 리더십은 과거의 유물이 되어버린다. AI가 인간의 인지능력을 앞지르는 시대에, 리더가 "나는 다 알고 있다"고 선언하는 순간, 그 조직의 유연성은 사라지고 만다.

도달 지점 편향과 '인지적 종결'의 유혹

왜 리더들은 리더십을 완성해야 할 목표로 오해할까?

첫째, 도달 지점 편향Arrival Fallacy 때문이다. 특정 직위에 오르거나 목표를 달성하면 행복과 완벽함이 찾아올 것이라 믿는 심리적 오류다. 하지만 리더십의 현장은 늘 예상치 못한 새로운 문제를 던진다.

둘째, 인지적 종결 욕구Need for Closure 때문이다. 모호하고 불확실한 상태를 견디지 못하고 빨리 정답을 내리고 싶어 하는 욕구다. 자신을 탐구하는 과정은 본질적으로 불확실성과 모호함을 동반한다. 그래서 많은 리더가 그 불편함을 피하려 한다.

셋째, 전문가 함정 때문이다. 전문가라는 자부심이 새로운 학습을 방해하고, 자신이 아는 것에 집착할수록 자기탐구의 동력은 상실된다.

전 팀장의 '완성 선언'

20년 경력의 전 팀장은 스스로를 완성된 리더라고 자부했다. 팀장 교육 프로그램에 참석했을 때에도 "나는 이미 이 내용들을 알고 있습니다"라고 강사에게 말했다. 하지만 프로그램 마지막 날, 그는 큰 충격에 빠졌다. 30대 후반 나이의 팀장이 제시한 디지털 전환 방향이 전 팀장이 지난 수년간 고수해 온 방식보다 훨씬 논리적이고 효과적임을 확인했기 때문이다. 그리고 동료 팀장들의 의견을 취합한 결과 젊은 팀장의 논리가 옳았다. '내가 항상 옳다'는 확신이 틀릴 수 있음을 깨닫는 순간, 전 팀장은 비로소 자신의 리더십 유통기한이 다했음을 직감했다.

'미완성'의 미학 : 다시 생각하기와 자기 혁신

리더는 자신의 정체성을 '명사'가 아닌 '동사'로 정의해야 한다.

1) 자기성찰의 360도 거울을 유지하라

리더가 정기적으로 자신에게 물어야 할 질문들을 제시한다. "나는 팀원들의 잠재력을 최대한 끌어내고 있는가?" "나의 결정은 조직의 비전과 정렬되어 있는가?" 이 질문은 단 한 번의 답변으로 끝나지 않는다. 상황이 변할 때마다 거울을 보듯 질문을 던지며 자신의 궤적을 수정해야 한다.

2) '다시 생각하기'를 생활화하라

지능보다 중요한 것은 기존의 믿음을 철회하고 다시 생각하는 능력이다. 자기탐구의 여정이란, 내가 과거에 옳다고 믿었던 리더십 원칙이 지금도 유효한지 끊임없이 의심하고, 낡은 방식을 폐기하는 과정이다.

3) '진화하는 자아'의 리더십을 추구하라

성인이 된 후에도 인간의 정신은 계속 진화한다. 자신의 감정과 가치관에 휘둘리는 단계를 넘어, 그것을 객관화하여 조직의 목적으로 이끄는 단계로 나아가는 것, 이것이 자기탐구 여정의 궁극적 목표다.

실행 과제

리더를 위한 '탐구자적 삶' 실천 3단계

1단계) 초보자의 마음을 선언하라

새로운 기술이나 세대차이 앞에 섰을 때 전문가의 가면을 벗어라. "이 부분은 제가 잘 모릅니다. 저를 가르쳐 주시겠습니까?"라고 말하는 순간, 리더는 성장의 여정으로 복귀하게 된다.

2단계) 리더십 '오답노트'를 작성하라

성공한 경험보다 실패한 소통, 잘못 내린 결정에 집중하라. 분기별로 한 번씩 자신의 '실패 사례집'을 만들고, 그 원인이 나의 어떤 내면적 한계(편향, 불안, 욕심 등)에서 기인했는지 분석하라.

3단계) 'Learning 10%' 규칙을 실천하라

업무시간 중 최소 10%의 시간은 현재 업무와 관련 없는 인문학, 철학, 혹은 낯선 기술을 탐색하는 데 써라. 다른 분야의 지식이 내 리더십의 사각지대를 비추는 의외의 거울이 될 수 있다.

Leadership Insight

리더십은 '왕관'을 쓰는 것이 아니라, '길'을 걷는 것이다

가장 위대한 리더는 끝까지 질문하는 리더다. AI는 정해진 알고리즘을 반복하지만, 당신은 매일 아침 새로운 나를 선택할 수 있다. 리더십에 마침표를 찍지 마라. 당신의 탐구가 멈추는 날, 조직의 혁신도 멈춘다. 오늘 당신은 '나'라는 광활한 대륙에서 어떤 새로운 지형을 발견했는지 생각해 보자.

Part

5

차가운 데이터보다
뜨거운 공감이 성과를 만든다

감성지능 리더십

01

감성지능이란 무엇이고,
왜 중요한가

인류는 오랫동안 리더의 자질을 IQ(지능지수)라는 잣대로 측정해 왔다. 얼마나 명석하고 논리적인지가 리더의 우수성을 증명하는 지표였다. 하지만 우리가 마주한 AI 시대는 이 공식을 송두리째 뒤흔들고 있다. 연산, 분석, 논리적 추론 분야에서 인간은 이미 AI의 적수가 되지 못한다. 기술이 분석과 계산을 대신하는 시대일수록, 리더에게 요구되는 핵심역량은 논리적 정확성이 아니라 사람을 연결하는 힘, 즉 감성지능EQ, Emotional Intelligence이다. 이제 리더십은 똑똑함의 경쟁이 아니라 따뜻함과 조율의 예술이 되어야 한다.

"실력은 최고인데, 왜 팀원들은 그를 떠날까요?"

국내 대기업의 핵심인재였던 A상무는 자타공인 전략의 천재였다. 하지만 그가 맡은 부서는 늘 이직률 1위였다. 팀원들은 말한다. "상무님이 너무 맞는 말씀만 하셔서 반박할 수는 없는데, 말할 때마다 인간적인 감정을 전혀 느낄 수 없어서 서운할 때가 많아요."

이것이 바로 감성지능이 결여된 IQ 리더십의 현주소다. 심리학자 대니얼 골먼 박사는 "스타 성과자와 평균 성과자를 구별하는 역량의 상당 부분이 IQ나 전문 기술이 아닌 감성지능에서 비롯된다"고 분석했다. AI가 최적의 정답을 제시할 수는 있지만, 그 정답을 실행할 사람들의 열정을 이끌어 내는 것은 오직 리더의 감성지능에서 나온다. 감성지능이 없는 리더는 최신 항법장치를 갖추고도 선원들의 마음을 얻지 못해 항구를 떠나지 못하는 선장과 같다.

인지적 과부하와 '감정맹 리더십'

왜 AI 시대에 리더들의 감성지능은 오히려 위협받고 있을까? 자신의 감정을 인식하고 언어화하는 능력이 낮은 상태를 감정맹 Alexithymia이라고 한다. AI 시대 리더십 위기는 기술 이해의 부족이 아니라 정서처리 능력의 저하에서 온다. 정보는 폭증하고, 판단 속도는 빨라졌지만, 정작 사람의 감정을 읽는 능력은 위축되고 있다. 그 배경에는 3가지 구조적 요인이 있다.

첫째, 데이터 편향적 사고다. 리더들이 수치와 결과에 매몰될수록 타인의 감정을 읽는 공감능력이 떨어진다.

둘째, 디지털 소통의 한계다. 비대면 소통이 늘어나면서 상대의 미묘한 감정 변화를 포착할 기회가 줄어들었고, 이는 리더를 정서적으로 고립시키는 결과를 초래했다.

셋째, 감성지능에 대한 오해다. 많은 리더가 감성지능을 단순히 '착한 것'이나 '우유부단한 것'으로 착각한다. 하지만 감성지능은 감정에 휘둘리는 것이 아니라, 감정을 전략적으로 활용하는 고도의 지적능력이다.

'실력 하나는 최고인데, 왜 사람들이 떠날까요?'

IT 솔루션 기업 전략기획팀의 강 팀장은 사내에서 '데이터의 신'으로 통했다. 그가 짠 사업계획은 빈틈이 없었고, 숫자로 반박하면 아무도 이기지 못했다. 하지만 그의 팀 이직률은 3년 연속 전사 1위였다. 퇴사자들은 "팀장님은 감정이 없는 분 같아요. 숫자는 늘 맞지만, 우리 마음은 전혀 모르십니다"라고 입을 모았다.

강 팀장은 억울했다. 야근하는 팀원 곁을 지켰고 보상도 확실히 챙겼기 때문이다. 하지만 팀원이 "요즘 좀 힘들어요"라고 할 때 그가 내놓은 답은 늘 "어떤 업무가 문제예요? 리소스 조정할게요"라는 사무적인 대안뿐이었다. 팀원이 원한 것은 "고생이 많네"라는 공감 한마디였다.

강 팀장은 리더십 코칭을 통해 변화를 시도했다. 코치가 물었다. "지난 한 달 동안 팀원이 감정적으로 힘들어 보였던 순간이 있었나요?" 강 팀장은 바로 답하지 못했다. 코치는 회의 시작 전 팀원들에게 "오늘 기분을 한 단어로 표현하면 뭐예요?"라고 물어보라고 권했다.

다음 날 회의에서 물어보니 8명 중 3명이 "지쳐요" "힘들어요"

라고 답했다. 강 팀장은 그제야 팀의 온도를 읽기 시작했다. 대시보드 어디에도 없던 숫자였다. 한 달 뒤, 팀원들은 "팀장님이 요즘 달라지셨어요. 말하기가 좀 편해졌어요"라며 마음을 열었고 조직의 공기는 눈에 띄게 따뜻해졌다.

대니얼 골먼의 감성지능 4대 요소

AI가 따라 할 수 없는 인간 리더만의 고유영역은 다음 네 가지 축으로 완성된다.

1) 자기인식Self-Awareness : 기계가 줄 수 없는 리더의 직관적 나침반

자기인식이 높은 리더는 자신의 가치관과 감정을 명확히 이해한다. 그래서 위기상황에서 더 단호한 결정을 내릴 수 있다. AI가 효율을 말할 때, 리더는 자신의 내면을 들여다보며 "이 선택이 우리 조직의 철학에 맞는가?"를 스스로에게 질문해야 한다.

2) 자기관리Self-Management : AI의 속도에 휘둘리지 않는 정서적 평정심

AI는 지치지 않고 24시간 몰아친다. 그 속도에 리더가 감정적으로 동요하면 조직 전체가 번아웃에 빠진다. 감정을 다스리는 리더만이 투쟁-도피 반응에 빠지지 않고 냉철한 전략을 유지할 수 있다. AI가 가속 페달을 밟을 때, 리더는 불안을 다스리며 조직의 속도를 조절하는 브레이크 역할을 해야 한다.

3) 사회적 인식Social Awareness ： 모니터가 놓친 마음의 기류 읽기

비대면 소통과 AI 협업이 늘어날수록 구성원들은 소외감을 느끼기 쉽다. 숫자로 표현되지 않는 팀의 에너지를 읽는 것은 오직 리더만이 할 수 있다. 공감Empathy은 타인의 감정을 이해하는 지적 능력이다. 리더는 AI 대시보드 대신 팀원의 표정과 어조를 살피며 심리적 안전감의 농도를 측정해야 한다. 기계가 처리를 할 때, 리더는 배려를 해야 한다.

4) 관계관리Relationship Management ： 데이터를 결속으로 바꾸는 조율의 미학

AI는 최적의 업무분장을 제안할 수 있지만, 팀원들을 결속시키거나 갈등을 해결할 수는 없다. 감성지능 리더십의 꽃은 희망과 비전의 전파다. 리더는 AI가 도출한 차가운 결론에 스토리텔링과 의미를 부여하여 구성원들을 하나의 목표로 결속시켜야 한다. 갈등을 중재하고 영감을 불어넣는 것, 그것이 AI 시대 관계관리의 핵심이다.

실행 과제

리더를 위한 'EQ 업그레이드' 3단계

1단계) 감정단어 사전 만들기

감정에 이름을 붙이는 순간, 그 감정을 다스릴 수 있다. '좋다, 나쁘다' 대신 '벅차다, 서운하다, 당혹스럽다, 안도하다' 등 구체적인 감정단어를 하루 3번 사용해 보자.

2단계) 정서적 체크인

회의 시작 전 1분만 팀원들의 마음 상태를 물어보자. 오늘 회의를 시작하기 전, "여러분의 지금 기분을 한 단어로 표현한다면 무엇인가요?" 이 짧은 질문이 AI가 만들 수 없는 조직의 정서적 유대감을 형성한다.

3단계) 반응 대신 응대하기

자극이 올 때 즉각적으로 반응하지 말고, 잠시 멈춰 어떻게 응대할지 선택하자. 이 찰나의 멈춤이 리더의 EQ 수준을 결정한다.

Leadership Insight

AI는 똑똑한 답을 주지만, 감성지능은 위대한 실행을 만든다

감성지능은 '소프트 스킬'이라는 이름과 달리, 성과를 직접적으로 결정하는 핵심역량이다. 기술이 고도화될수록 사람들은 기계 같은 리더가 아닌 인간다운 리더를 원한다. 당신의 IQ로 전략을 세웠다면, 이제 당신의 EQ로 사람들의 심장을 뛰게 하라. 오늘 당신은 팀원의 마음 온도를 몇 번이나 확인했는지 생각해 보자.

02

내 감정을 알아차리는 연습 :
정서적 문해력 키우기

리더십의 현장에서 감정은 종종 방해꾼 취급을 받는다. 중요한 의사결정을 앞두고 '감정에 휘둘리지 마라'는 조언을 귀에 못이 박히도록 들어왔기 때문이다. 하지만 감정을 무시하거나 억누른다고 해서 그것이 사라지지는 않는다. 오히려 억눌린 감정은 리더의 무의식 속에 잠복해 있다가, 가장 부적절한 순간에 폭발하거나 잘못된 판단의 근거가 된다. AI가 수많은 노이즈 속에서 유의미한 신호를 찾아내듯, 리더 역시 내면에서 소용돌이치는 감정의 노이즈 속에서 진짜 신호를 읽어내야 한다. 그 시작은 바로 내 감정을 있는 그대로 알아차리는 연습이다.

"리더는 왜 감정을 구분하지 못할까요?"

리더들에게 지금 순간의 감정을 물어보면 대부분 "기분이 좀 안 좋네요" 혹은 "너무 좋아요"처럼 몇 개의 단어로만 표현한다. 하지만 이런 모호한 표현은 자신의 상태를 정확히 진단하는 데 아무런 도움이 되지 않는다.

마크 브래킷 교수는 이를 '정서적 문해력의 결핍'이라고 지적한다. 의사가 환자의 증상을 단순히 '아프다'라고만 기록한다면 정확한 처방을 내릴 수 없는 것과 같다. 리더가 느끼는 불쾌함이 '실패에 대한 두려움'인지, '팀원의 무책임에 대한 분노'인지, 아니면 '과도한 업무에 의한 번아웃'인지 구분하지 못한다면, 리더는 감정을 리더십의 자원으로 활용할 수 없다.

감정을 외면하는 '정서적 회피'의 이유

왜 리더들은 자신의 감정을 선명하게 들여다보지 못할까?

첫째, 감정적 금기 때문이다. 리더는 냉철해야 한다는 강박이 감정을 살피는 행위를 '약함'으로 치부하게 만든다.

둘째, 속도의 함정 때문이다. 감정을 살피는 데는 시간이 걸린다. 하지만 AI의 속도에 맞춰 결과만 쫓다 보면 정작 내 마음이 어떤 상태인지 돌아볼 틈이 없다. 바쁠수록 내면은 더 빨리 흐려진다.

셋째, 라벨링의 부재 때문이다. 심리학자 수전 데이비드 박사는 사람들이 감정을 지나치게 광범위한 언어로 뭉뚱그려 정의할 때 오히려 그 감정에 압도된다고 설명한다. '짜증 난다'는 표현으로는 아무것도 해결하지 못한다. 그것이 좌절인지, 무력감인지, 수치

심인지 구분되지 않는 한 자기조절은 시작될 수 없다. 정확한 언어 없이는 정확한 자기인식도 존재하지 않는다.

'괜찮습니다'를 입에 달고 살던 김 팀장

IT 솔루션 기업 영업팀의 김 팀장은 스스로를 단단한 사람이라고 믿었다. 분기 목표가 70%에 그친 날도, 믿었던 팀원이 경쟁사로 떠난 날도 대답은 늘 한결같았다. "괜찮습니다. 제가 처리하겠습니다." 팀원들은 그런 김 팀장을 든든하게 여겼고, 김 팀장도 그것이 자신의 강점이라고 생각했다.

어느 월요일 출근길, 지하철역 계단을 오르다 갑자기 다리에 힘이 풀리고 심장이 뛰고 손이 떨렸다. 의사는 "번아웃입니다. 몸이 더 이상 버티지 못하겠다는 신호예요"라고 진단했다.

그날 밤 김 팀장은 처음으로 스스로에게 물었다. "나는 진짜 괜찮은 적이 있었나?" 본부장에게 면박당할 때 억울했고, 팀원이 떠날 때 무너지는 것 같았지만 그는 단 한 번도 그 감정에 이름을 붙여준 적이 없었다. 전부 "괜찮습니다"라는 한마디로 덮어왔다.

지난 5년 동안 김 팀장은 팀원의 감정은 읽으려 했지만, 정작 자신의 감정은 한 번도 들여다보지 않았다. '괜찮습니다'는 강함이 아니라, 자기 자신에게 가장 오래 해온 거짓말이었다.

감정을 데이터화하는 '무드 미터'와 '라벨링'

리더는 자신의 감정을 마치 외부의 데이터를 분석하듯 객관적
으로 바라보는 연습을 해야 한다.

1) 무드 미터Mood Meter 활용

마크 브래킷 교수는 '에너지'와 '쾌적함'이라는 두 축으로 감정
을 분석하라고 제안한다. 리더가 자신의 상태가 어느 색깔에 가까
운지 아는 것만으로도 감정조절의 주도권을 쥘 수 있다.

- 빨간색(고에너지/불쾌) : 분노, 공포, 불안 → 단기적 집중력은
  높으나 협업에 부적합하다.
- 노란색(고에너지/쾌적) : 환희, 자신감, 열정 → 창의적 아이디어
  기획에 최적이다.
- 파란색(저에너지/불쾌) : 슬픔, 실망, 지루함 → 상세한 보고서
  검토나 오류 수정에 유리하다.
- 초록색(저에너지/쾌적) : 평온, 만족, 감사 → 팀원과의 깊은 면
  담이나 신뢰 구축에 최적이다.

2) 감정 라벨링Emotional Labeling

감정에 구체적인 이름을 붙이는 행위는 뇌의 편도체 활성화를
줄이고 전두엽을 활성화한다. "나는 화가 났다"라고 말하는 대신
"나는 현재 분노라는 감정을 느끼고 있다"라고 3인칭 시점으로 표
현해 보자. 감정과 나 사이에 거리를 두는 이 연습은 리더의 객관
성을 지켜준다.

3) 신체적 신호_{Somatic Markers} 읽기

USC 신경과학 안토니오 다마시오 교수는 "감정은 머리보다 몸에서 먼저 나타난다"고 말한다. 회의 중 갑자기 목소리가 떨리거나 어깨가 경직된다면 그것은 뇌가 감정적 신호를 보내고 있다는 증거다. 유능한 리더는 이 신체적 신호를 놓치지 않고 자신의 감정 상태를 즉각 체크하고 어떻게 해결해야 할지를 고민한다.

리더를 위한 '감정 알아차리기' 훈련 3단계

1단계) 감정 체크인 알람 설정

하루에 세 번(출근 후, 점심시간, 퇴근 전) 알람을 맞추고 자신의 무드 미터 색깔을 확인하라. '지금 내 에너지는 10점 만점에 몇 점인가?' '지금 내 기분은 얼마나 쾌적한가?' 이러한 기록이 한 달만 쌓여도 리더의 정서적 패턴이 보인다.

2단계) 단어의 세분화 연습

'짜증 난다'는 말 대신 쓸 수 있는 5가지 단어를 찾아보라. 예를 들면 '당황스럽다' '억울하다' '무력하다' '시급하다' '소외감을 느낀다' 등이다. 감정이 격해질 때 잠시 멈추고 더 정확한 단어를 찾는 연습이 필요하다. 단어가 정교해질수록 리더십도 정교해진다.

3단계) 그럴 만한 이유 찾기

내가 느낀 감정에는 반드시 이유가 있다. '이 불안은 프로젝트의 리스크 때문인가, 아니면 나의 완벽주의 때문인가?' 감정의 근원을 AI 데이터 분석하듯 파고들어보자. 원인을 아는 것만으로도 감정의 무게는 가벼워진다.

감정을 무시하는 리더는 엔진 경고등을 끄고 질주하는 운전자와 같다

감정은 우리가 세상과 어떻게 상호작용하는지를 알려주는 가장 정직한 데이터이다. AI는 당신의 심박수가 왜 빨라지는지 알려주지 않지만, 당신은 그 이유를 탐구할 수 있다. 오늘 당신은 당신의 내면이 보내는 '감정 보고서'를 얼마나 꼼꼼히 읽었는지 생각해 보자.

03

감정을 폭발이 아닌
리더십 자원으로 바꾸기

내 감정을 알아차리는 연습이 기상청의 역할이라면, 그 감정을 리더십 자원으로 전환하는 것은 풍력 발전소를 가동하는 것과 같다. 리더십 현장에는 언제나 예기치 못한 폭풍우가 몰아친다. 미숙한 리더는 감정의 파도에 휩쓸려 분노를 폭발시키거나 불안에 잠식되지만, 숙련된 리더는 그 파도의 에너지를 이용해 조직을 더 멀리 나아가게 한다. AI가 감정의 기복 없이 매끄러운 평행선을 달릴 때, 리더는 인간적인 감정의 고저를 활용해 조직에 긴장감을 불어넣기도 하고, 때로는 폭발적인 열정을 만들어 내기도 한다.

"참는 것이 미덕입니까, 폭발하는 것이 솔직함입니까?"

많은 리더가 감정조절을 무조건 참는 것으로 오해한다. 하지만 억눌린 감정은 수동적 공격성으로 나타나 팀 분위기를 냉랭하게 만들거나, 엉뚱한 곳에서 폭발하여 리더의 신뢰도를 깎아 먹는다. 반대로 '나는 뒤끝이 없다'며 감정을 배설하듯 쏟아내는 리더는 팀원들의 심리적 안전감을 파괴한다.

펜실베이니아대학교 교육대학원 애니 맥키 박사는 이를 '불협화음 리더십_{Dissonant Leadership}'이라 부른다. 리더가 감정을 제대로 다루지 못하면 조직은 감정적 소음으로 가득 차고, 구성원들은 생존을 위해 방어기제만 발동하게 된다. 감정은 억제하거나 배설하는 대상이 아니라, 목적에 맞게 정제하여 사용해야 하는 가장 강력한 리더십 연료다.

아미그달라 하이재킹과 조절 전략의 부재

왜 리더들은 감정을 건설적으로 활용하지 못하고 감정에 휘둘릴까?

첫째, 뇌가 먼저 반응하기 때문이다. 심리학자 대니얼 골먼은 이를 '아미그달라 하이재킹_{Amygdala Hijacking}'이라고 부른다. 위협을 감지하는 편도체가 위험신호를 받는 순간 이성적 판단을 담당하는 전두엽을 순식간에 마비시켜 버린다. 즉, 화가 나거나 겁이 나는 순간 사람들은 생각보다 감정이 먼저 행동을 지배하게 된다.

둘째, 감정을 바꿔 쓰는 기술을 배운 적이 없기 때문이다. 분노를 단호한 결단력으로, 불안을 신중한 판단력으로 전환하는 것은 타고나는 능력이 아니라 훈련이 필요한 기술이다. 하지만 대부분의 리더는 성과나 전략은 배워도 이런 정서적 전환능력은 제대로 익힌 적이 없다.

셋째, 감정이 전염된다는 사실을 간과하기 때문이다. 리더의 감정은 개인의 문제로 끝나지 않는다. 리더가 불안하거나 화가 난 상태로 있으면, 그 감정은 조직 전체로 빠르게 퍼진다. 실제로 리더의 부정적인 감정은 팀원들의 창의적 사고능력을 즉각적으로 떨어뜨리는 것으로 알려져 있다. 리더의 감정상태가 곧 팀의 분위기이자 성과와 직결된다는 뜻이다.

회의실을 얼어붙게 만든 김 상무

중견 IT기업의 김 상무는 매주 월요일 오전 9시, 팀장급 주간회의를 직접 주재했다. 회의가 시작되면 그는 노트북 화면을 보며 말했다. "지난주 실적부터 봅시다." 숫자가 기대에 못 미치면 그는 안경을 벗어 테이블에 내려놓았다. 팀장들에게 그것은 곧 '폭풍우'가 시작된다는 공포의 신호였다. "이게 최선입니까? 이 따위 수치를 보고라고 들고 왔어요?"

한번은 신규 서비스 기획안을 발표하던 팀장이 세 장도 넘기기 전에 말을 끊겼다. "이건 지난 분기랑 뭐가 다릅니까. 그냥 포장만 바꾼 거잖아요." 발표자는 말을 잃었고, 나머지 팀장들은 테이블 위 자료만 내려다봤다. 그날 이후 기획안을 자진해서 들고 오는 팀장이 없어졌다.

김 상무의 날카로운 비난이 반복되자 팀장들은 아이디어를 내는 대신 '어떻게 하면 혼나지 않을까'에만 몰두했다. 회의 전날

“내일 숫자가 안 좋으면 어떻게 설명하지”“일단 질문 나오면 다 저한테 넘기세요”라며 ‘불똥을 피할 논리’를 짜는 데 에너지를 쏟았고, 결국 신규 기획은 고사했다.

이듬해 진행된 익명 조직 진단 결과 심리적 안전감 점수는 전사 최하위였고, 팀장들은 “틀려도 괜찮다는 말을 들어본 적이 없다”며 하나둘 회사를 떠났다. 리더의 조절되지 않은 감정이 조직의 혁신동력을 완전히 꺼뜨린 것이다.

감정의 ‘승화’와 ‘전략적 표출’

AI가 줄 수 없는 인간적 에너지의 핵심은 감정을 어떻게 리더십 자원으로 전환하느냐에 있다.

1) 인지적 재평가

감정의 프레임을 바꿔야 한다. 팀원의 실수에 치밀어 오르는 분노를 ‘이 친구가 나를 무시한다’는 프레임이 아닌, ‘우리 프로세스의 허점을 발견할 좋은 기회다’라는 프레임으로 바꾸는 것이다. 감정의 에너지는 그대로 유지하되 방향만 비난에서 해결로 트는 기술이다.

2) 전략적 조절

상황에 맞는 감정 선택을 해야 한다. 불공정한 상황에서 리더의 적절한 분노는 조직의 원칙을 세우는 강력한 정의의 에너지가 된다. 새로운 프로젝트의 리스크 앞에서 느끼는 불안은 철저한 검토와 플랜 B 수립의 동력으로 전환해야 한다.

3) 공명 리더십

리더가 자신의 감정을 긍정적이고 희망적인 에너지로 조율하여 팀과 주파수를 맞출 때 성과가 극대화된다. 리더가 보여주는 절제된 열정과 차분한 자신감은 AI가 흉내 낼 수 없는 최고의 조직통합 자산이다.

감정을 자원으로 바꾸는 리더의 3단계 루틴

1단계) '90초 멈춤'과 감정 분리

분노나 좌절감이 밀려올 때, 즉시 입을 열지 마라. '지금 내 몸에 아드레날린이 솟구치고 있구나'라고 3인칭으로 관찰하며, 90초간 심호흡해 보자. 감정이 나를 지배하기 전에 내가 감정을 사용할 준비를 하는 시간이다.

2단계) 감정의 '목적지' 설정하기

감정을 터뜨리기 전, 스스로에게 물어라. "지금 내가 이 감정을 드러내는 것이 우리 팀의 목표 달성에 도움이 되는가? 아니면 내 기분을 풀기 위함인가?" 목적 없는 감정 표출은 낭비일 뿐이다.

3단계) '취약성'을 통한 신뢰 구축

때로는 리더의 인간적인 슬픔이나 고민을 솔직하게 나누는 것이 완벽한 척하는 것보다 강력한 자원이 된다. "사실 이번 시장 변화가 저에게도 적잖은 당혹감을 줍니다. 하지만 이런 긴장감이 우리를 더 날카롭게 만들어 줄 거라 믿습니다." 리더의 솔직함은 팀원들의 헌신을 이끌어 내는 가장 고귀한 자원이다.

분노하면 지배하지만, 공명하면 이끈다

가장 뛰어난 리더는 자신의 감정을 다스려 타인의 가슴에 불을 지피는 사람이다. AI는 당신의 열정을 복제할 수 없고, 진심 어린 위로를 대신할 수 없다. 감정에 휘둘리는 노예가 될 것인가, 감정을 부리는 주인이 될 것인가? 오늘 당신의 감정은 조직에 어떤 에너지를 공급했는지 생각해 보자.

04

구성원의 마음 온도 재기 :
공감의 기술

내 감정을 알아차리고 자원으로 전환하는 능력이 리더 개인의 내공이라면, 구성원의 마음 온도를 재는 '공감'은 그 내공을 조직 전체로 퍼뜨리는 연결의 기술이다. AI는 텍스트의 감정 수치를 분석하고 인식할 수 있지만, 상대방이 처한 맥락 속에서 그가 느끼는 고통과 기쁨에 진심으로 주파수를 맞추지는 못한다. 기술이 우리를 더 효율적으로 묶어줄수록, 역설적으로 사람들은 자신의 마음을 알아주는 단 한 사람의 리더를 갈망한다. 이제 리더는 팀원이라는 각기 다른 우주를 탐사하는 정서적 탐험가가 되어야 한다.

"말은 고마운데, 왜 진심처럼 느껴지지 않을까요?"

프로젝트 실패로 좌절한 팀원에게 리더가 다가가 말한다. "나도 그 기분 알아. 다음엔 잘하면 돼." 리더는 자신이 공감을 잘했다고 생각하며 자리를 뜨지만, 팀원의 마음은 여전히 싸늘하다. 그것은 공감이 아니라 동정 혹은 가짜 위로였기 때문이다.

스탠퍼드대학교 심리학과 자밀 자키 교수는 "공감은 단순히 상대의 기분을 맞추는 기술이 아니라, 상대의 눈으로 세상을 보려는 의도적인 노력이자 근육"이라고 말한다. AI가 쏟아내는 매끄러운 응원 메시지에 영혼이 없듯, 리더가 상대의 고통에 머물지 않고 서둘러 해결책만 주려 할 때 공감은 단절된다. 구성원의 마음 온도를 제대로 재지 못하는 리더는 열이 펄펄 끓는 환자에게 해열제 대신 비타민만 건네는 의사와 같다.

공감의 피로와 '해결사 콤플렉스'

왜 리더들은 타인의 마음 온도를 재는 데 서툴까?

첫째, 공감의 피로 때문이다. 리더 본인이 번아웃 상태라면 타인의 고통을 수용할 정서적 여유가 없다. 내가 추운데 남의 옷매무새를 살필 수 없는 것과 같다.

둘째, 해결사 콤플렉스 때문이다. 리더는 빨리 답을 줘야 한다는 압박 때문에 상대의 감정을 충분히 듣기도 전에 대화의 주도권을 뺏어 온다.

셋째, 지위의 장벽 때문이다. 권력이 높아질수록 뇌의 공감영역(미러 뉴런 시스템)은 약화되는 경향이 있다.

'빨리빨리' 리더의 듣기 실패

핀테크 스타트업의 박 대표는 스스로 소통을 잘하는 리더라고 믿었다. 구성원들에게 "나에게 뭐든 이야기해요. 나는 다 들을 준비가 돼 있어요"라며, 구성원들과 식사도 자주 하는 편이었다.

어느 금요일 오후, 창업 초기부터 함께한 핵심 개발자 이 과장이 퇴직 의사를 밝히자 그는 즉시 면담을 잡았다. "솔직하게 이야기해 줘요. 다 들을게요." 이 과장이 프로젝트 방향에 대한 고충을 꺼내려 하자, 박 대표는 1분도 안 되어 말을 가로챘다. "아, 그거 나도 알아요. 사실 그건 이 과장만의 문제가 아니라 팀 전체의 구조 문제예요. 우리가 다음 달부터 애자일로 바꾸려고 하거든요. 그러면 훨씬 나아질 거예요. 어때요, 조금만 더 해봅시다." 이 과장은 입을 닫고 고개를 끄덕였다. 박 대표는 설득에 성공했다고 믿었지만, 월요일 아침 이 과장의 최종 사직서가 도착했다.

나중에 들려온 이 과장의 진심은 뼈아팠다. "제가 하고 싶었던 말은 방향이 아니라 인정받지 못한다는 느낌이었어요. 그런데 대표님은 제 말이 끝나기도 전에 이미 답을 갖고 계셨더라고요. 더 말해봤자 의미가 없겠다 싶었어요. 항상 그랬거든요. 절대 변하지 않을 거예요."

박 대표는 충분히 들었다고 생각했지만, 이 과장은 단 한마디도 듣지 못했다고 느꼈다. 면담시간은 30분이었지만, 진짜 대화는 1분도 이루어지지 않았다.

공감의 3가지 층위와 지혜로운 개입

리더는 AI가 흉내 낼 수 없는 3가지 차원의 공감을 전략적으로 구사해야 한다.

1) 인지적 공감Cognitive Empathy : 당신의 관점에서 생각하기

상대방이 왜 그런 기분을 느끼는지 머리로 이해하는 단계다. "만약 내가 저 사람의 처지라면 어떻게 느꼈을까?"라고 묻는 것이다. AI도 학습을 통해 흉내 낼 수 있는 영역이지만, 리더는 여기에 현장의 맥락과 관계의 결을 함께 읽어야 한다.

2) 정서적 공감Emotional Empathy : 함께 느끼기

상대의 감정이 내 안에서 공명하는 단계다. 팀원의 아픔을 느낄 때 뇌에서 사회적 결속 호르몬인 옥시토신이 분비되며, 강력한 신뢰가 형성된다.

3) 공감적 배려Compassionate Empathy : 행동으로 돕기

공감의 완성은 행동이다. 상대의 고통을 이해하고 느꼈다면, "그 고충을 덜어주기 위해 내가 무엇을 도우면 좋을까?"라고 묻고 실행하는 것이다. 리더가 팀원의 고충을 해결하기 위해 구체적인 행동을 보일 때 조직의 심리적 안전감이 극대화된다.

리더를 위한 '마음 온도계' 작동법 3단계

1단계) 마음 날씨 묻기

회의 시작 전, 수치 보고 대신 팀원들의 마음 날씨를 묻는 시간을 가져보자. "오늘 김 대리의 마음 온도는 몇 도인가요?" 혹은 "지금 기분을 날씨로 표현한다면?" 이런 사소한 질문이 AI 대시보드가 놓치는 팀의 컨디션을 보여준다.

2단계) 듣기 80, 말하기 20의 법칙

상대가 감정을 쏟아낼 때는 해결책을 주려는 욕구를 꾹 참아라. 고개를 끄덕이며 "그랬군요" "많이 힘들었겠네요"라는 감정의 추임새만 넣어라. 충분히 들어주는 것만으로도 상대는 존중받았다고 느낀다. 경청의 힘은 실로 대단한 위력을 갖는다.

3단계) 역할 바꾸기 시뮬레이션

갈등이 있는 팀원이나 소통이 안 되는 후배가 있다면, 의도적으로 그 사람의 입장이 되어 하루를 상상해 보자. '그가 퇴근길에 오늘 나에게 들었던 말을 되새긴다면 어떤 기분이 들까?' 이 훈련은 리더의 공감 근육을 키우는 가장 강력한 도구다.

공감은 상대를 변화시키기 위해서가 아니라, 상대를 존재하게 하기 위해 하는 것이다

공감은 고갈되는 자원이 아니라, 쓸수록 늘어나는 근육이다. AI는 당신의 성과를 계산하지만, 당신은 팀원의 가치를 알아줄 수 있다. 기술이 차가워질수록 당신의 공감은 조직의 가장 따뜻한 경쟁력이 된다. 오늘 당신은 팀원의 마음 온도를 단 1도라도 높이기 위해 어떤 노력을 했는지 생각해 보자.

05

갈등을 피하지 말고
성장의 기회로 만들기

구성원의 마음 온도를 재는 공감의 기술이 리더십의 포용력을 보여준다면, 갈등을 다루는 기술은 리더십의 돌파력을 증명한다. 많은 리더가 공감을 갈등이 없는 평화로운 상태로 오해하곤 한다. 하지만 혁신은 모두가 고개를 끄덕이는 안온함 속에서 태어나지 않는다. 오히려 서로 다른 생각들이 부딪히고 깨지는 마찰음 속에서 탄생한다. AI가 정해진 로직에 따라 매끄러운 결론을 내놓을 때, 리더는 의도적으로 갈등을 수면 위로 끌어올려 그 불꽃을 조직의 성장 에너지로 전환하는 갈등의 연금술사가 되어야 한다.

"침묵하는 팀이 가장 위험한 팀입니다"

겉보기에 화기애애하고 갈등이 전혀 없는 팀이 있다. 리더는 이를 자신의 리더십 덕분이라고 자부할지 모르지만, 실상은 다를 수 있다. 구성원들이 서로의 기분을 상하게 하지 않으려 진실을 숨기고 침묵할 때, 조직은 '집단 사고'의 함정에 빠진다.

하버드 경영대학원 에이미 에드먼슨 교수는 이를 '심리적 안전감의 결여'라고 지적한다. AI가 도출한 데이터의 오류를 발견하고도 "팀장님이 걱정하시니까 그냥 넘어가자"라고 말하는 팀에는 미래가 없다. 리더가 두려워해야 할 것은 갈등 그 자체가 아니라, 갈등이 두려워 아무도 입을 열지 않는 가짜 평화다.

가짜 평화의 유혹과 심리적 장벽

왜 리더는 갈등 앞에서 뒷걸음질 치는가?

첫째, 심리적 안전감에 대한 오해 때문이다. 심리적 안전감은 무조건적인 친절이 아니라, 솔직하게 반대 의견을 내도 보복당하지 않는다는 믿음이 그 본질이다.

둘째, 신뢰의 메커니즘 부재 때문이다. 리더가 갈등상황에서 유능함만 강조하고 따뜻함을 놓칠 때 갈등은 감정싸움으로 번진다.

셋째, 정서적 조절 능력의 부족 때문이다. 상대의 반대 의견을 자신의 권위에 대한 도전으로 해석하는 편협한 자아가 건설적 논쟁을 가로막는다.

보고는 완벽한데 실행은 실패한 팀

대형 유통사 전략기획팀의 분기 보고서는 언제나 깔끔했다. 표지 디자인부터 데이터 시각화까지, 임원진 앞에 놓인 자료는 흠잡을 데가 없었다. 박 본부장은 보고서를 보며 "역시 우리 팀이 최고야"라며 흡족해했다.

하지만 보고서에 담긴 '신규 PB상품 라인 확대' 계획은 현장에서 처참히 실패했다. 물류 용량 부족과 매장 진열공간 문제 등 기초적인 장애물조차 넘지 못했기 때문이다. 결국 6개 품목 중 2개만 기한 내 입점했고, 나머지는 다음 분기로 밀렸다.

뒤늦게 열린 수습회의에서 팀원은 고백했다. "사실 보고서 올리기 전에 물류팀에 문의했을 때 이미 용량 문제 이야기가 나왔었어요." 박 본부장이 왜 말하지 않았느냐고 묻자 팀원은 잠시 머뭇거리다 답했다. "보고 전날 밤까지 자료 다듬느라 다들 지쳐 있었고… 본부장님이 원하시는 방향이 이미 정해진 것 같아서요. 괜히 분위기 깰까 봐요." 보고서는 완벽했지만 회의실 안에서 정작 중요한 말은 한 번도 오가지 않았다. 팀원들이 침묵을 선택한 이유는 몰라서가 아니라 말해봤자 소용없다고 느꼈기 때문이었다.

건강한 충돌을 설계하는 리더의 전략

리더는 갈등을 끄는 소방관이 아니라, 건설적 논쟁이 가능하도록 판을 짜는 설계자가 되어야 한다.

1) 지적 겸손을 통한 발언의 장 마련

리더가 "나도 틀릴 수 있다"는 것을 인정할 때 팀원들이 비로소 입을 열기 시작한다. AI의 분석 결과에 대해서도 리더가 "이 분석에 우리가 놓친 사각지대는 없을까요?"라고 먼저 질문함으로써, 갈등을 안전한 놀이터로 끌어들여야 한다.

2) 유능함과 따뜻함의 균형

모리스 슈바이처와 애덤 갤런스키 교수는 갈등해결의 열쇠로 '유능함'과 '따뜻함'을 제시한다. 리더는 논쟁 중에 자신의 전문성과 유능함을 발휘하되, 동시에 상대의 가치를 인정하는 따뜻한 태도를 유지해야 한다. 그래야 논쟁이 공격이 아닌 협력적 탐색이 된다.

3) 갈등을 학습의 기회로 재정의하기

갈등은 정보의 비대칭성을 해소하는 과정이다. 서로 다른 의견이 부딪힐 때 리더는 '누가 이기는가'가 아니라 '우리가 여기서 무엇을 새롭게 배우고 있는가'에 초점을 맞춰야 한다. 이것이 AI가 할 수 없는 리더만의 맥락 조율이다.

실행 과제

갈등을 성장의 기회로 바꾸는 3단계 실천

1단계) 호기심 어린 질문으로 전환하기

상대의 반대 의견에 방어적으로 반응하는 대신, 호기심을 가지고 질문하라. "그 안은 절대 안 됩니다"라는 말을 들었을 때, "왜 그렇게 생각하죠?" 대신 "박 과장님이 우려하는 지점이 무엇인지 좀 더 구체적으로 들어볼 수 있을까요?"라고 물어라.

2단계) 회의의 규칙 선포하기

회의 시작 전, 건강한 갈등을 위한 규칙을 미리 공표하라. "오늘 회의의 목표는 서로의 안을 비판해서 더 단단한 안을 만드는 겁니다. 의견에 대한 비판은 환영하지만, 사람에 대한 공격은 금지합니다."

3단계) 취약성 먼저 드러내기

갈등이 격해지거나 교착상태에 빠질 때 리더가 먼저 자신의 고민을 공유하라. "사실 저도 이 결정을 내리는 것이 두렵고 막막합니다. 그래서 여러분의 날카로운 지적이 저에게는 큰 힘이 됩니다." 리더의 솔직함은 갈등의 당사자들을 대립자에서 공동해결자로 바꾼다.

Leadership Insight

갈등은 조직의 고장이 아니라 작동 중이라는 증거다

심리적으로 안전한 조직은 갈등이 없는 곳이 아니라, 갈등을 통해 가장 빨리 배우는 곳이다. AI는 갈등을 일으키지 않지만, 새로운 가치를 창조하지도 못한다. 당신의 팀원들이 서로의 생각에 기꺼이 부딪힐 수 있도록 멍석을 깔아주어라. 오늘 당신의 회의실에서는 몇 번의 건강한 충돌이 있었는지 생각해 보자.

06

팀 전체의
감성지능 높이기

리더 한 사람이 뛰어난 감성지능을 갖추는 것은 소통의 시작일 뿐이다. 진정한 리더십의 완성은 리더가 없을 때도 팀원들이 서로의 감정을 돌보고, 갈등을 스스로 조정하며, 긍정적인 에너지를 주고받는 감성적 자생력을 갖추게 하는 데 있다. AI가 개별 업무의 효율을 극대화할 때, 리더는 팀 전체의 정서적 주파수를 맞추어 집단지성이 발휘될 수 있는 토양을 만들어야 한다. 이제 리더의 역할은 개인 플레이어가 아니라, 팀 전체의 감성지능을 설계하고 관리하는 정서적 아키텍트로 확장되어야 한다.

"똑똑한 사람들이 모였는데, 왜 팀 성과는 엉망일까요?"

각 분야의 최고 인재들만 모아놓은 팀이 정작 성과를 내지 못하고 불협화음만 내는 경우를 자주 본다. 이들은 각자의 IQ는 높을지 모르지만, 팀으로서의 EQ는 바닥인 상태다. 서로의 성과를 시기하고, 실수를 비난하며, 보이지 않는 기 싸움에 에너지를 낭비한다.

뉴햄프셔대학교 조직행동학 바네사 드루스캇 교수는 이를 '팀 감성지능의 부재'로 설명한다. 팀원 개개인의 EQ가 높다고 해서 팀 전체의 EQ가 자동으로 높아지지는 않는다는 것이다. 팀 차원의 정서적 규범이 세워지지 않으면, 아무리 뛰어난 AI 도구를 도입해도 조직은 그 잠재력의 절반도 발휘하지 못한다.

정서적 규범의 부재와 '정서적 나침반'의 상실

왜 우리 팀은 감정적으로 하나가 되지 못할까?

첫째, 감정의 사사화_{Privatization} 때문이다. '직장에서 감정은 사치다'라는 인식 때문에 감정을 개인의 문제로 치부하고 방치한다.

둘째, 부정적 감정의 전염 때문이다. 한 사람의 냉소나 비난이 팀 전체로 퍼지는 것을 막는 정서적 방화벽이 없다.

셋째, 심리적 안전감의 부재 때문이다. 팀원들이 자신의 감정을 솔직하게 드러냈을 때 비난받을지 모른다는 두려움이 팀의 EQ 성장을 가로막는다.

현장 사례

'올스타 팀'의 역설

AI 헬스케어 스타트업의 정 대표는 명문대와 MBA 출신의 최고 인재들로 팀을 꾸렸다. 정 대표는 투자자 미팅에서 "저희 팀 스펙

이면 못 만들 제품이 없습니다"라고 자부했다.

하지만 첫 스프린트 리뷰 때부터 균열이 생겼다. 개발자 김 차장은 PM 출신 이 과장이 기능 우선순위 조정을 제안하자 "기술을 모르는 소리"라며 단숨에 잘랐고, 데이터 사이언티스트 박 과장은 "데이터도 안 보고 하는 말"이라며 비난했다. 회의가 한 시간째 제자리를 맴돌자 김 차장은 "저는 제 파트만 책임지겠습니다"라며 회의실을 나갔다. 각자가 가장 똑똑하다고 믿었기에 아무도 "모른다"고 말하지 않았고, 서로 도움을 요청하지도 않았다.

6개월 뒤, 팀원들은 하나둘 사직서를 던졌다. 이유는 공통적이었다. "함께 일하는 게 너무 피곤합니다." 정 대표는 최고의 스펙이 최고의 제품을 보장하지 않는다는 것을 깨달았다. 그는 다음 채용공고에 이렇게 썼다. '함께 잘 어울려 일할 수 있는 사람을 찾습니다.' 개인의 지능보다 팀의 결속력이 더 큰 가치를 만든다는 뼈아픈 교훈이었다.

고성과 팀을 만드는 3가지 정서적 규범

리더는 팀원들이 서로의 감정을 읽고 반응하는 협업 시스템을 설계해야 한다.

1) 정서적 인식의 규범화

팀원들이 서로의 기분과 상태를 살피는 것을 당연한 문화로 만들어야 한다. 고성과 팀일수록 회의 시작 전 서로의 컨디션을 체크하거나, 동료의 표정이 좋지 않을 때 "무슨 일이 있느냐"고 묻는 행동이 자연스럽게 일어난다. 이것은 단순한 친절이 아니라, 팀의 협업비용을 줄이는 전략적 행위다.

2) 감정 헌장 만들기

팀원들이 함께 모여 '우리는 이 팀에서 어떤 기분을 느끼고 싶은가?'를 논의하고 명문화할 것을 권장한다. '우리는 서로를 존중하며, 도전적인 의견에도 안전함을 느끼고, 성취의 기쁨을 함께 나눈다'와 같은 헌장을 만들어라. 이 헌장은 AI가 정한 가이드라인보다 더 강력하게 팀원들을 하나로 묶어 준다.

3) 긍정적 정서 유발

긍정적인 정서가 뇌의 부교감 신경을 활성화해 창의성과 인지 능력을 높인다. 리더는 팀원들의 작은 성공에도 함께 기뻐하고, 서로의 장점을 공개적으로 칭찬하는 긍정 피드백 루프를 설계해야 한다.

실행 과제

팀 전체의 EQ를 높이는 3단계 실천

1단계) Check-in & Check-out 루틴

회의 시작 전Check-in과 종료 전Check-out 1분씩 정서적 시간을 가져라. "오늘 회의를 시작하는 나의 기분 점수는 몇 점인가요?" "오늘 회의를 마친 지금 기분은 어떤가요?" 이 짧은 습관이 팀원들로 하여금 서로의 정서적 주파수를 맞추게 한다.

2단계) 칭찬 릴레이와 감사 로그 운영

슬랙이나 팀즈에 별도의 채널을 만들어 서로의 기여에 감사하는 문화를 만들어라. "오늘 박 대리님이 AI 툴 사용법을 알려주셔서 큰 도움이 되었습니다. 감사합니다." 리더가 먼저 사소한 것에 감사할 때 팀 전체의 정서적 자본이 쌓인다.

3단계) 정서적 회고

업무 성과를 돌아볼 때 숫자만 보지 말고, 그 과정에서의 느낌을 나누게 하라. '이번 프로젝트에서 가장 힘들었던 순간은 언제였나요?' '가장 보람찼던 순간은요?' 고통과 기쁨을 공유하는 경험이 팀을 하나의 유기체로 만든다.

Leadership Insight

개인의 지능은 팀의 감성을 넘을 수 없다

팀의 감성지능은 팀원 간의 신뢰를 쌓는 가장 빠른 길이다. AI는 개별 업무를 처리해 주지만, 팀원 사이의 심리적 접착제가 되어주지는 못한다. 당신의 팀이 단순히 똑똑한 사람들의 모임이 아니라, 서로의 마음을 보듬는 뜨거운 공동체가 되게 하라. 오늘 당신의 팀은 서로에게 어떤 정서적 신호를 보냈는지 확인해 보자.

Part
6

직급이 아닌 영향력으로
스스로 움직이게 하라

영향력 리더십

직급으로 시키기 vs 영향력으로 움직이게 하기

지금까지의 리더십이 리더 자신의 내면과 정서적 지능을 다듬는 과정이었다면, 이제는 그 에너지를 외부로 투사해 실질적인 변화를 만들어 내는 영향력의 단계로 나아가야 한다. 과거의 리더십은 명함에 박힌 직급에서 나왔다. "내가 상사니까 시키는 대로 해"라는 식의 명령은 빠르고 간편해 보였지만, 오늘날의 환경에서는 더 이상 작동하지 않는다. AI가 인간보다 더 정확한 지시를 내릴 수 있는 시대에, 리더에게 남은 유일하고도 강력한 무기는 타인의 마음을 움직여 스스로 행동하게 만드는 '영향력'이다.

"시키는 일은 잘하는데, 그 이상의 열정은 보이지 않아요"

많은 리더가 토로하는 고민이다. 팀원들이 명령한 대로 움직이기는 하지만, 딱 욕먹지 않을 만큼만 일한다는 것이다. 이는 리더가 영향력이 아닌 권한만 사용하고 있다는 증거다.

하버드 경영대학원 린다 힐 교수는 이를 '관리자의 신화The Myth of the Manager'라고 부른다. 직급이 높을수록 사람들을 더 쉽게 통제할 수 있다고 믿지만, 현실은 정반대다. 권한으로 누를수록 구성원들은 수동적으로 변하고, 창의적 에너지는 말라간다. AI가 효율을 극대화하는 시대에, 리더가 여전히 직급 뒤에 숨어 명령만 내린다면 조직은 영혼 없는 기계들의 집합소가 될 뿐이다.

직급의 위계가 힘을 잃는 이유

왜 직급에 의존하는 방식이 더 이상 통하지 않는 걸까?

첫째, 지식의 민주화 때문이다. 과거에는 리더가 정보를 독점했지만, 이제는 AI와 검색 서비스가 리더보다 더 많은 정보를 제공한다. 정보의 격차가 사라지면 직급의 위계도 힘을 잃는다. 리더가 '더 많이 아는 사람'이어서 따르던 시대는 끝났다.

둘째, 공적 권위의 쇠퇴 때문이다. 현대 직장인들은 직급 자체보다 리더가 보여주는 실력과 성품에 더 높은 가치를 둔다. 호칭이 아니라 행동이 리더를 만드는 시대다.

셋째, 심리적 저항 때문이다. 일방적인 지시는 뇌의 위협 회로를 자극한다. 강요받는다고 느끼는 순간, 인간의 뇌는 창의적인 전두엽을 닫고 방어기제를 발동한다. 복종은 이끌어 낼 수 있지만, 몰입은 강제할 수 없다.

박 팀장이 깨달은 '왜_{Why}'의 마법

IT 서비스 기업 플랫폼개발팀의 박 팀장은 회사에서 성과를 잘 내는 리더였지만, 그의 소통은 늘 단방향이었다. "오늘 오후 6시까지 완료해 주세요" "이 방식으로 다시 해오세요"처럼 짧고 단호한 지시가 전부였다.

최근 들어 핵심 팀원 두 명이 연달아 나갔다. 퇴사 이유는 동일했다. "왜 이 일을 해야 하는지 들어본 적이 없어요. 그냥 시키는 대로만 하다 보니 제가 뭘 하고 있는 건지 모르겠더라고요."

박 팀장은 사직서를 놓고 한참을 멍하니 있었다. 자신은 팀을 잘 이끌고 있다고 생각했다. 팀원들 눈에 자신이 이유를 말하지 않는 지시 기계로 보였다는 건 한 번도 생각해 본 적이 없었다.

충격을 받은 박 팀장은 다음 프로젝트 회의에서 평소와 달리 10분에 걸쳐 "오늘 업무 들어가기 전에 이게 왜 지금 중요한지 이야기하고 싶어요"라며 업무의 중요성을 먼저 설명했다. 그는 해당 기능이 다음 분기 고객 이탈률에 미치는 영향과 경쟁사 대비 우리의 전략적 위치를 공유했다. 어색한 침묵이 흘렀지만 효과는 즉각적이었다. 팀원 한 명이 중간에 박 팀장한테 먼저 말을 걸었다. "팀장님, 이 부분은 이렇게 하면 고객 경험이 더 좋아질 것 같은데 한번 봐주실 수 있어요?" 전에 없던 일이었다.

박 팀장은 그때부터 모든 업무 지시 앞에 '왜'를 붙이는 것을 규칙으로 삼았다. 처음엔 어색했고 때로는 번거로웠지만 팀원들이 달라지는 건 숫자로도 보였다. 1년 후, 그의 팀 이직률은 제로였다.

박 팀장은 깨달았다. '사람들은 일이 힘들어서 떠나는 게 아니라, 일을 왜 하는지 모를 때 떠난다'는 사실을 말이다.

영향력의 법칙과 자발적 동기 부여

리더는 명령자에서 촉진자로 자신의 정체성을 전환해야 한다.

1) 관계를 통한 영향력

설득과 영향력 연구의 세계적 권위자인 로버트 치알디니 교수는 영향력의 핵심요소로 '호감Liking'과 '상호성Reciprocity'을 꼽는다. 리더가 평소에 팀원들을 돕고 인간적인 유대감을 쌓았을 때, 팀원들은 직급 때문이 아니라 리더를 돕고 싶어서 자발적으로 움직인다. 이것은 AI가 절대 따라 할 수 없는 사회적 자본의 힘이다.

2) 전문성과 신뢰의 결합

직급이 권위를 만드는 것이 아니라, 리더가 보여주는 전문성과 일관된 태도가 권위를 만든다. '내가 무엇을 아는지'보다 '내가 어떻게 우리 팀을 성공시킬 수 있는지'를 증명할 때 진정한 영향력이 발생한다. 신뢰는 직급이 아니라 행동의 일관성에서 만들어진다.

3) 통제권의 이양

영향력 있는 리더는 모든 것을 결정하려 하지 않는다. 오히려 구성원에게 결정권을 넘겨줌으로써 그들을 주체적인 파트너로 격

상시킨다. AI가 실행의 도구라면, 리더는 그 실행에 의미와 권한을 부여하는 사람이다.

직급을 떼고 영향력을 키우는 3단계 실천

1단계) 지시를 제안으로 바꾸기

명령조의 말투를 질문과 제안으로 바꿔라. "오늘 퇴근 전까지 보고서 제출해"가 아니라 "이 보고서가 내일 회의에서 우리 팀의 입지를 다지는 데 중요할 것 같아요. 오늘 중으로 초안을 볼 수 있을까요?"라고 말하라. 뇌는 강요가 아닌 요청에 더 활발히 반응한다.

2단계) 왜Why를 먼저 설명하기

AI는 어떻게How를 잘하지만, 리더는 왜Why를 말해야 한다. 업무를 줄 때마다 이 일이 조직의 비전과 팀원의 성장에 어떤 연결고리가 있는지 1분만 더 설명하라. 의미를 찾은 사람은 시키지 않아도 스스로 더 나은 방법을 찾는다.

3단계) 작은 약속부터 지키기

영향력의 기초는 신뢰다. 팀원들과의 사소한 약속(미팅 시간 엄수, 작은 건의사항 피드백 등)을 철저히 지켜라. '저분은 말한 것은 반드시 지킨다'는 믿음이 쌓일 때, 리더의 말은 직급보다 무거운 무게를 갖는다.

권한은 사람을 복종시키지만, 영향력은 사람을 변화시킨다

리더십은 권한을 행사하는 것이 아니라, 타인이 탁월한 성과를 낼 수 있는 환경을 만드는 것이다. AI는 당신의 지시를 오차 없이 수행하겠지만, 당신의 영향력에 감동하여 밤을 새우지는 않는다. 당신의 명함에서 직급을 뺐을 때, 당신에게 남는 리더십은 무엇인지 생각해 보자.

02

신뢰라는 자본 쌓기 :
영향력의 토대

직급을 내려놓고 영향력으로 이끌기 위해 리더에게 가장 필요한 자산은 무엇일까? 바로 '신뢰'다. 영향력이 리더십의 '화력'이라면, 신뢰는 그 불꽃이 타오를 수 있게 하는 '연료'와 같다. 연료가 없으면 아무리 화려한 기술도 금세 꺼져버린다. AI가 방대한 데이터를 통해 정확성을 입증할 때, 리더는 일관된 삶의 태도를 통해 신뢰성을 입증해야 한다. 신뢰가 쌓인 조직에서는 소통의 속도가 비약적으로 빨라지고 마찰 비용은 눈에 띄게 줄어든다.

"왜 우리 팀은 모든 결정에 의구심을 가질까요?"

새로운 전략을 발표할 때마다 팀원들이 '저게 정말 가능해?' '결국 우리만 고생시키는 거 아냐?'라며 냉소적인 반응을 보인다면, 그 리더십은 신뢰의 파산 상태에 있는 것이다. 신뢰가 없는 조직에서는 리더의 선의조차 정치적 술수로 해석된다.

하버드 경영대학원 프랜시스 프레이 교수는 신뢰가 무너진 조직을 '속도가 느리고 비용이 많이 드는 조직'이라고 정의한다. 리더가 팀원을 믿지 못해 일일이 감시하고, 팀원이 리더를 믿지 못해 보고서를 이중 삼중으로 검토하는 행위는 AI 시대의 효율성을 갉아먹는 가장 치명적인 낭비다.

리더의 노력이 신뢰로 이어지지 않는 이유

왜 리더는 열심히 일하고도 신뢰를 얻지 못하는 걸까?

첫째, 논리의 불일치 때문이다. 리더의 판단 근거가 불투명하거나 앞뒤가 맞지 않을 때 구성원은 불안을 느낀다. '왜 그런 결정을 내렸는지 모르겠다'는 의문이 팀 안에서 반복된다면 리더의 지적 신뢰가 흔들리고 있다는 신호다.

둘째, 공감의 부재 때문이다. 리더가 오직 조직의 성과에만 집착하고 구성원의 안위에는 무관심하다고 느껴질 때 신뢰는 깨진다. 구성원들은 자신을 도구로 보는 리더를 믿지 않는다.

셋째, 진정성의 결핍 때문이다. 리더가 자신의 실수나 취약함을 숨기고 완벽한 가면을 쓸 때, 구성원들은 인간적인 유대감을 포기한다. 무결점을 연기하는 리더 앞에서 구성원들도 방어막을 친다.

현장 사례

'믿는다'는 말 뒤에 숨겨진 감시의 눈초리

소비재 기업 마케팅팀의 최 팀장은 스스로 팀원을 신뢰하는 리더라고 자부했다. 팀 회의에서 그는 항상 "우리 팀은 각자가 전문가예요. 저는 여러분을 믿습니다"라고 말한다. 그리고 회의가 끝나면 바로 최 팀장에게서 개인 메시지가 왔다. "아까 회의 내용 중에 A건 말이죠, 진행 방향 다시 한번 확인해도 될까요?"

처음엔 꼼꼼함으로 받아들였던 팀원들은 점차 피로감을 느꼈다. 회의가 끝난 뒤 따로 개인 확인을 하는 행동이, 팀원 입장에서는 '내 판단을 못 미더워한다'는 신호로 읽혔던 것이다. 그러다 원온원 면담에서 한 팀원이 "팀장님, 저희가 뭔가 실수를 자주 해서 확인하시는 건가요? 아니면… 저희를 못 믿으시는 건가요?"라고 조심스레 물었을 때, 최 팀장은 순간 말문이 막혔다.

이후 그는 중간 확인을 끊고 결과로만 소통하기 시작했다. 3개월쯤 지났을 때 변화가 보이기 시작했다. "팀장님, 이거 진행하다 보니 이런 변수가 생겼는데 이렇게 처리하려고요." 최 팀장은 그제야 자신이 그동안 팀원들에게 준 것이 믿음이 아니라 감시였다는 것을 알았다. 그리고 진짜 신뢰는 말로 선언하는 게 아니라 확인하는 손을 거두는 것에서 시작된다는 것을 깨달았다.

신뢰의 3가지 축

신뢰는 막연한 감정이 아니라 3가지 축으로 지탱되는 정교한 구조물이다.

1) 진정성 : 진짜 나를 보여주는 용기

AI는 입력된 대로만 움직이지만, 인간 리더는 상황에 따라 얼굴을 바꿀 수 있다. 구성원들이 '이 사람은 있는 그대로의 자신을 보여주고 있다'고 믿을 때 비로소 마음의 문을 연다.

2) 논리 : 판단의 근거가 명확한가

리더의 전문성과 사고 과정의 타당성이다. AI가 내놓은 분석 결과를 리더가 어떻게 해석하고 어떤 논리로 결정을 내렸는지 투명하게 공유될 때, 리더의 지적능력에 대한 신뢰가 생긴다.

3) 공감 : 당신의 성공이 나의 관심사인가

리더가 구성원의 이익을 진심으로 고려하고 있다는 믿음을 줄 때 신뢰는 깊어진다. '리더는 나를 이용해서 성과를 내는 사람이 아니라, 나를 도와 함께 성장하는 사람이다'라는 확신을 주는 것이 핵심이다.

실행 과제

신뢰자본을 축적하는 3단계 행동지침

1단계) 취약성 먼저 드러내기

모든 것을 아는 척하지 마라. 리더가 자신의 실수나 모르는 부분을 솔직히 인정할 때, 신뢰의 첫 번째 축인 '진정성'이 회복된다. "이번 AI 분석 결과에서 제가 놓친 부분이 있었습니다. 여러분의 의견이 필요합니다.” 이 한마디가 어떤 완벽한 발표보다 더 큰 신뢰를 만든다.

2단계) 의사결정의 블랙박스 열기

결과만 통보하지 말고 과정의 논리를 공유하라. “제가 이번 프로젝트의 우선순위를 바꾼 이유는 A데이터의 변동성과 B부서의 리스크 때문입니다. 제 논리에 의문이 있다면 언제든 말씀해 주세요.” 설명 없는 결정은 의심을 낳고, 설명 있는 결정은 신뢰를 쌓는다.

3단계) 신뢰의 배당금 돌려주기

신뢰는 주는 만큼 돌아온다. 사소한 것까지 보고받으려 하지 말고, 팀원의 판단을 믿고 맡겨라. “이 건에 대해서는 박 대리의 전문성을 전적으로 믿습니다. 최종 결정권을 드릴 테니 소신껏 추진해 보세요.” 위임은 통제의 포기가 아니라 신뢰의 투자다.

Leadership \ Insight

신뢰는 성과를 가속화하는 유일한 지름길이다

신뢰는 모든 것을 변화시키는 단 하나의 힘이다. AI는 당신의 업무속도를 높여줄 수 있지만, 팀원들 사이의 의심을 지워줄 수는 없다. 리더가 신뢰라는 토대를 단단히 다져놓을 때, 조직은 AI라는 날개를 달고 가장 빠른 속도로 비상할 수 있다. 오늘 당신은 팀원의 신뢰 계좌에 얼마를 저축했는지 생각해 보자.

목적으로 사람의 마음을
움직이는 법

신뢰라는 든든한 자본을 쌓았다면, 이제 그 자본을 어디에 투자할 것인지 방향을 제시해야 한다. 그것이 바로 '목적Purpose'이다. 목적은 리더가 혼자 꿈꾸는 환상이 아니라, 구성원들이 기꺼이 자신의 시간과 열정을 쏟아붓게 만드는 존재의 이유다. AI가 최적의 경로를 계산해 주는 내비게이션이라면, 리더는 우리가 왜 그 목적지에 가야 하는지를 설명하고 가슴 뛰게 만드는 사람이다. 사람의 마음은 숫자로 설득되지 않는다. 오직 목적이 주는 고귀한 가치만이 사람을 움직인다.

"열심히는 하는데, 내가 왜 이 일을 하는지 모르겠어요"

많은 팀이 겪는 성과 없는 바쁨의 원인은 목적의 부재에 있다.

리더가 "올해 목표는 매출 20% 성장입니다"라고 말하는 것은 비전이나 목적이 아니라 그저 결과 수치에 불과하다. 숫자는 뇌의 계산 영역을 자극할 뿐, 진정한 헌신을 이끌어 내지 못한다.

저술가이자 강연가 사이먼 사이넥은 대부분의 리더가 "무엇What과 어떻게How에 집중하느라 정작 가장 중요한 왜Why를 놓친다"고 말한다. AI가 '무엇을 어떻게' 해야 할지 완벽하게 알려주는 시대에, 리더마저 방법론에만 매몰된다면 구성원들은 의미를 잃은 채 기계적인 반복업무에 지쳐버릴 것이다.

'What'의 홍수 속에 실종된 'Why'

왜 리더의 목적 선언은 종종 공허한 메아리가 될까?

첫째, 공감대의 결핍 때문이다. 리더 혼자 설계한 목적은 팀원들에게 남의 일일 뿐이다. 목적은 선포하는 것이 아니라 함께 만드는 것이다. 처음부터 구성원이 참여하지 않은 목적은 아무리 고결해도 뿌리를 내리지 못한다.

둘째, 보상과의 혼동 때문이다. 인센티브나 승진은 수단일 뿐 목적이 될 수 없다. 인간에게는 의미 있는 일을 통해 유대감을 느끼려는 '결합동기'와 세상을 이해하려는 '이해동기'가 있다. 연봉이 아니라 의미가 진짜 동력이라는 뜻이다.

셋째, 일상과의 단절 때문이다. 목적이 거창한 문장에만 머물고 실제 업무와 연결되지 않을 때, 구성원들은 괴리감을 느낀다. 슬로건이 현실과 충돌할 때 목적은 조롱의 대상이 된다.

강 팀장의 '박제된 비전'과 냉소적인 팀원들

전자부품 제조기업 부품개발팀의 강 팀장은 분기 OKR 발표 때마다 첫 슬라이드에 '기술로 사람을 잇는다'는 회사 미션을 올렸다. 하지만 본인만 의미 있다고 생각했지, 팀원들은 그 문장을 볼 때마다 딱히 와닿는 게 없었다. 팀원들에게는 단가 절감 압박, 반복되는 야근, 0.01mm 오차와 싸우는 야근의 명분일 뿐이었다.

어느 날 강 팀장은 팀원들에게 우리가 만드는 커넥터 부품이 최종적으로 어디에 쓰이는지 물었으나, 아무도 대답하지 못했다. 강 팀장은 그날부터 매달 한 번, 최종 고객사에서 받은 '제품 사용 사례'를 공유하기 시작했다. 자사 부품이 들어간 의료기기가 응급실에서 사람을 살리는 장면을 목격한 팀원들의 눈빛이 달라졌다. 한 팀원은 "팀장님, 이거 응급실 장비에 들어가는 거잖아요. 불량 하나가 얼마나 큰 문제인지 이제 좀 실감이 나요"라고 말했다. 강 팀장이 백 마디 강조하는 것보다, 부품 하나에 담긴 '생명의 가치'를 확인하는 순간 목적은 살아 있는 에너지가 되었다.

사람을 움직이는 목적의 스토리 설계

리더는 차가운 데이터를 뜨거운 목적의 스토리로 치환해야 한다.

1) 'Why'에서 시작하라

목적의 핵심은 존재 이유다. AI가 내놓은 효율적인 프로세스가 우리 사회에 어떤 가치를 더하는지, 우리 고객의 삶을 어떻게 바꾸는지 그 이유Why를 먼저 선언하라. 사람들은 당신이 '무엇을 하는지'가 아니라, 당신이 '왜 그 일을 하는지'에 반응한다.

2) 목적의 구체화 : '누구에게 도움이 되는가?'

자신의 일이 타인에게 긍정적인 영향을 미친다고 믿을 때 인간의 동기부여는 극대화된다. 리더는 우리 팀의 결과물이 구체적으로 어떤 사람의 문제를 해결하는지 시각화해서 보여주어야 한다. 추상적인 고객이 아니라 얼굴이 있는 사람이어야 한다.

3) AI를 목적 달성의 '도구'로 재정의하기

AI 도입을 인력 감축이나 비용 절감의 관점이 아니라, 단순 반복업무에서 벗어나 더 가치 있는 목적에 집중하게 해주는 해방의 도구로 정의하라. 리더가 AI를 목적에 연결할 때 구성원의 저항은 협력으로 바뀐다.

실행 과제

마음을 움직이는 목적 소통 3단계

1단계) '존재 이유' 1분 스피치 만들기

누가 물어도 1분 안에 우리 팀이 왜 존재하는지 말할 수 있어야 한다. "우리는 단순히 소프트웨어를 만드는 팀이 아닙니다. 우리는 기술로 소외된 사람들의 불편함을 해결하는 연결 전문가입니다.” 이 문장을 리더가 먼저 믿어야 팀원이 따른다.

2단계) 의사결정의 필터로 사용하기

새로운 일을 시작하거나 포기할 때 목적을 기준으로 설명하라. “이 업무는 효율적이지만 우리 팀의 목적인 ‘고객의 신뢰 회복’과는 거리가 있습니다. 과감히 수정합시다.” 리더가 목적을 기준으로 삼을 때 영향력은 강력해진다.

3단계) ‘작은 의미’ 축하하기

거창한 비전보다 중요한 것은 오늘의 업무에서 발견하는 작은 목적이다. “오늘 해결한 민원 한 건이 우리 팀의 목적인 ‘신뢰받는 파트너’를 증명했습니다. 정말 가치 있는 일이었습니다.” 작은 의미의 축적이 거대한 목적을 완성한다.

Leadership Insight

목적은 눈으로 보는 것이 아니라 가슴으로 믿는 것이다

영감을 주는 리더는 사람들의 머리가 아니라 가슴에 말을 건다. AI는 당신에게 가장 빠른 길을 알려주겠지만, 그 길을 끝까지 걷게 하는 힘은 당신이 부여한 목적에서 나온다. 오늘 당신은 팀원들에게 해야 할 일을 주었는지, 아니면 이루고 싶은 꿈을 주었는지 생각해 보자.

04

지시보다
영향력으로 움직이는 사람들

비전이 나아갈 방향을 제시하는 등대라면, 그 방향으로 팀원의 발걸음을 옮기게 하는 구체적인 동력은 리더의 설득력에서 나온다. 과거의 리더십이 뒤에서 채찍질하며 밀어붙이는 푸시_{Push} 방식이었다면, 영향력 리더십은 구성원이 스스로 움직이고 싶게 만드는 풀_{Pull} 방식이다. AI가 최적의 행동지침을 텍스트로 띄워줄 때, 리더는 그 지침이 팀원의 가치관과 자존감에 닿게 하여 자발적 동기를 일깨워야 한다. 시켜서 하는 100명보다 스스로 움직이고 싶어 하는 1명이 세상을 바꾼다.

"왜 똑같이 말해도 누구는 따르고 누구는 반발할까?"

"이건 중요한 일이니까 이번 주까지 끝내세요." 리더의 이 한마디에 어떤 팀원은 사명감을 느끼지만, 어떤 팀원은 또 일을 떠넘긴 다며 반발심을 느낀다. 차이는 리더의 직급이 아니라 리더가 사용하는 언어의 방식에 있다.

펜실베이니아대학교 와튼스쿨 조나 버거 교수는 "사람들을 움직이게 하려면 더 강하게 밀어붙이는 것이 아니라, 그들이 움직이지 못하게 막는 장벽을 제거해야 한다"고 말한다. 리더가 지시 위주로 소통할 때, 구성원의 뇌는 자율성 침해에 대한 경고등을 켠다. AI 시대의 리더는 지시를 잘하는 사람이 아니라, 구성원이 스스로 움직이는 데 방해가 되는 심리적 마찰력을 줄여주는 촉매제가 되어야 한다.

심리적 리액턴스와 설득의 사각지대

왜 리더의 지시는 종종 거부감을 불러일으킬까?

첫째, 심리적 리액턴스 때문이다. 이는 사회심리학자 잭 브렘이 처음 체계화한 이론으로, 개인이 자신의 자율성이 위협받는다고 느낄 때, 그 위협에 저항하며 오히려 반대 방향으로 행동하려는 심리적 반발 메커니즘을 말한다. 지시가 구체적이고 강압적일수록 반발심은 더 커진다. 밀면 밀수록 더 세게 밀어내는 것이 인간의 본능이다.

둘째, 사회적 증거의 부재 때문이다. 사람들은 자신과 비슷한 타인의 행동을 따르려는 경향이 있다. 리더 혼자만의 목소리는 힘이 약하다. '나만 이렇게 생각하는 게 아니다'라는 근거가 설득의 무게를 더한다.

셋째, 정체성 불일치 때문이다. 리더의 요구가 구성원의 전문적 정체성과 충돌할 때, 그들은 무의식적으로 태업하거나 냉소적으로 변한다. '이 일은 내가 추구하는 방향과 맞지 않는다'고 느끼는 순간 열정은 꺼진다.

이 팀장의 '일방적 지시'가 '자발적 참여'로 바뀌기까지

IT 솔루션 기업 고객지원팀의 이 팀장은 본부에서 AI 도입 총괄을 맡으라는 지시를 받았다. 이 팀장은 '다음 주부터 AI 시스템 교육을 시작합니다. 일정은 별도 공지할게요'라고 공지를 올렸다.

그날 오후, 팀원 한 명이 찾아와 "팀장님, 저희 지금 고객 문의 대응만 해도 하루가 빠듯한데, 교육까지 받아야 하면 그 시간은 어떻게 되는 건가요? 야근하면서 배우라는 건지요." 이 팀장은 "위에서 결정된 거니까요"라고 말하려다 멈췄다. 사실 본인도 처음 지시를 받았을 때 같은 생각을 했었다. '지금도 팀이 빠듯한데.'

이 팀장은 다음 날 팀 회의를 소집했다. "오늘은 교육 이야기 전에 한 가지만 먼저 물어볼게요. 지금 하는 업무 중에 가장 시간낭비라고 느끼는 게 뭐예요? 솔직하게 이야기해 줘요." 팀원들은 반복적인 문의 분류와 답변 작성 업무의 비효율을 토로했다. 이 팀장은 즉시 교육 커리큘럼을 펼쳐 보였다. "이 교육 2회 차에서 고객 문의 분류 자동화를 배웁니다. 아침 한 시간이 10분으로 줄어듭니다." 팀원들이 "이게 진짜 되는 거예요?"라고 묻자 이 팀장이 노트북을 열어 샘플 화면을 보여줬다. 웅성거림이 나왔다.

교육 신청률은 100%를 기록했다. 팀원들이 거부한 것은 배우는 행위 자체가 아니라, '내 소중한 시간을 왜 써야 하는지' 모르는 상태였다. 이유Why가 장벽을 허물자 저항은 사라졌다.

강요 없이 마음을 얻는 설득의 프레임워크

리더는 지시를 하기 전, 상대방의 마음속에 있는 심리적 장벽을 먼저 풀어야 한다.

1) 메뉴를 제시하라 : 선택의 자율성

직접적인 지시 대신 선택지를 주는 것이 좋다. "A방식으로 하세요" 대신 "A와 B 중 어떤 방식이 더 효과적일까요?"라고 물을 때, 구성원은 자신이 의사결정의 주체라고 느끼며 결과에 대해 더 큰 책임감을 갖는다.

2) 상호성과 사회적 증거 활용

리더가 먼저 팀원의 고충을 해결해 주고(상호성), 그 후에 협조를 구할 때 영향력은 극대화된다. 또한 '다른 선진 기업들도 AI를 이렇게 활용하고 있다'는 사회적 증거를 제시할 때 리더 개인의 고집이 아닌 시대적 흐름으로 수용된다.

3) 동사가 아닌 명사로 정체성 자극하기

"도와주세요"라는 동사형 요청보다 "조력자가 되어주세요"라는 명사형 표현이 더 큰 행동을 이끌어 낸다. 역할 정체성에 호소하는 것이다. 팀원에게 업무를 맡길 때 "이 데이터를 분석해"가 아니라 "우리 팀의 데이터 전략가로서 이 부분을 진단해 달라"고 요청하라.

지시를 영향력으로 바꾸는 3단계 대화 기술

1단계) 지시를 질문으로 전환하기

명령문을 의문문으로 바꿔라. "이 기획안 다시 써와" 대신 "이 기획안이 우리 고객들에게 더 강력하게 다가가려면 어떤 부분을 보완하면 좋을까요?"라고 물어라. 답이 상대의 입에서 나오게 하면 그는 자신의 말에 책임을 진다.

2단계) 일관성의 법칙 활용하기

팀원이 과거에 했던 긍정적인 약속이나 발언을 소환하라. "지난번 면담 때 전문성을 키우고 싶다고 하셨죠? 이번 프로젝트가 그 목표를 달성하는 데 아주 좋은 기회가 될 것 같아 맡기고 싶습니다." 사람은 자신의 말과 행동을 일치시키려는 경향이 있다.

3단계) 작은 동의부터 이끌어 내기 Foot-in-the-door

처음부터 거대한 변화를 요구하지 마라. "AI 시스템 전체를 도입하자"가 아니라 "우선 이번 주에 이 작은 툴 하나만 테스트해 보고 의견을 주겠어요?"라고 제안하라. 작은 승낙이 모여 거대한 변화를 만든다.

최고의 설득은 상대가 스스로 설득당했다고 느끼게 만드는 것이다

사람들은 지시받는 것을 싫어하지만, 스스로 선택하는 것은 좋아한다. AI는 당신의 명령을 거부하지 않지만, 인간은 당신의 태도를 거부할 수 있다. 지시의 근육을 줄이고 영향력의 근육을 키워라. 오늘 당신은 팀원의 손을 잡아끌었는지, 아니면 그들이 걷고 싶게 길을 닦아주었는지 생각해 보자.

05

권한을 나눠야 힘이 커진다 : 임파워먼트의 역설

설득의 기술로 팀원을 움직이게 했다면, 이제는 그들이 마음껏 뛰어놀 수 있는 결정의 운동장을 만들어 주어야 한다. 많은 리더가 권한을 나누는 것을 자신의 영향력이 줄어드는 것으로 오해해 마지막 순간까지 결재판을 놓지 못한다. 하지만 리더가 통제권을 내려놓을수록 조직의 실행력과 리더에 대한 신뢰는 오히려 더 커진다. AI가 실시간으로 모든 정보를 공유하고 처리하는 시대에 리더가 여전히 모든 결정의 병목Bottleneck이 되려 한다면, 그 조직은 기술의 속도를 따라가지 못한 채 도태될 것이다.

"보고만 하다 하루가 다 가요"

"팀장님, 이것도 확인해 주셔야 하는데요." 리더의 책상 위에 서류가 쌓이고 메신저 알람이 쉴 새 없이 울린다면, 그것은 유능함의 증거가 아니라 권한위임의 실패를 의미한다. 리더가 모든 세세한 사항을 간섭할 때, 팀원들은 '지시만 기다리는 기계'로 변한다.

런던비즈니스스쿨 조직행동학 허미니아 이바라 교수는 이를 '역량의 덫The Competency Trap'이라 부른다. 리더가 과거에 자신이 잘했던 실무능력에 집착하느라 정작 더 큰 영향력을 발휘해야 할 전략적 과업을 놓친다는 것이다. AI가 데이터와 숫자를 완벽하게 다루는 시대에 리더가 여전히 숫자 하나하나를 검토하려 한다면, 팀원들은 주도성을 잃고 리더의 입만 바라보게 된다.

통제의 환상과 신뢰의 결핍

왜 리더들은 권한을 나누는 것을 두려워할까?

첫째, 통제의 환상 때문이다. 내 손을 거쳐야만 결과가 완벽할 것이라는 착각이다. 하지만 리더의 개입이 많아질수록 결과물의 창의성은 낮아진다. 감시가 강해질수록 팀원은 새로운 답을 찾는 사람이 아니라 정답을 맞히는 사람이 된다.

둘째, 리스크 회피 때문이다. 팀원의 실수가 곧 자신의 무능으로 보일까 봐 두려워하는 마음이다. 하지만 이 두려움을 팀원에게 전가할 때 조직은 실패를 숨기는 문화로 흐르게 된다.

셋째, 영향력에 대한 오해 때문이다. 〈Thinkers 50〉이 선정한 세계 1위 경영사상가 로저 마틴 교수는 "많은 리더가 결정권을 권력의 전부라고 믿지만, 진짜 권력은 타인이 결정을 잘 내리도록 돕는 능력에서 나온다"고 말한다.

팀원의 결정을 기다리지 못하는 리더

유통업 계열사 물류팀의 정 팀장은 "우리 팀은 자율적으로 일한다"고 말하지만, 팀원이 회의에서 의견을 내면 "그것도 좋은데, 제 생각엔 이렇게 하는 게 더 낫지 않을까요?"라는 한마디를 덧붙인다. 결국 결론은 팀장의 의도대로 흘러갔고, 팀원들은 점차 의견을 내기보다 팀장의 정답을 기다리는 법을 배웠다.

어느 날 원온원 면담 말미에 한 대리가 조심스럽게 말했다. "팀장님, 저희가 의견을 내도 결국 팀장님 방향으로 바뀌는 경우가 많다 보니, 요즘은 그냥 팀장님이 먼저 말씀해 주시기를 기다리게 되더라고요. 제가 생각하는 게 맞는지 틀린지도 잘 모르겠고요." 정 팀장은 그날 집에 가는 길에 그 말을 계속 곱씹었다. 그는 자율을 준 것이 아니라, 세련된 방식으로 통제하고 있었음을 깨달았다.

다음 회의부터 정 팀장은 의식적으로 "좋아요, 한번 해봅시다"를 먼저 말하며 입을 닫았다. 두 달쯤 지나자 회의 분위기가 달라졌다. 팀원들은 다시 주도적으로 변수를 짚어내기 시작했고, 리더가 놓친 사각지대를 메우는 창의적인 대안들을 쏟아냈다. 정 팀장은 회의가 끝나고 한 대리에게 말했다. "그거 내가 놓쳤네요. 잘 봤어요." 한 대리가 멋쩍게 웃었다.

임파워먼트를 위한 전략적 프레임워크

리더는 결정자에서 환경 설계자로 진화해야 한다.

1) 지시에서 가이드라인으로

리더가 구체적인 정답을 주는 대신, 결정을 내리는 원칙을 주어야 한다. "이 문제는 이렇게 풀어"가 아닌 "이 문제를 풀 때 우리가 반드시 지켜야 할 가치 3가지는 이것이야"라고 가이드라인을 정해 주는 것이다. 그 안에서 팀원이 내리는 결정은 리더의 결정보다 더 현장에 밀착된 최선의 답이 된다.

2) 코칭형 리더십으로의 전환

리더는 '답을 가진 사람'에서 '질문을 가진 사람'이 되어야 한다. 권한을 넘기는 것은 방관이 아니라, 팀원이 스스로 답을 찾아가도록 적절한 질문을 던지며 지원하는 과정이다.

3) AI를 활용한 보조 엔진 장착

팀원에게 위임할 때, AI 도구를 적극적으로 활용하게 하라. AI는 팀원의 숙련도 부족을 메워주는 훌륭한 보조 도구가 된다. 이를 통해 리더는 저연차 팀원에게도 더 큰 권한을 안전하게 위임할 수 있다.

실행 과제

영향력을 키우는 '권한위임' 3단계

1단계) 하지 않아도 될 일 리스트 작성

내가 쥐고 있는 권한 중 팀원의 성장에 도움이 될 업무 3가지를 골라라. 회의 진행권이나 소규모 프로젝트 예산 집행권 등 실패해도 조직이 흔들리지 않는 범위부터 시작하라.

2단계) 결과만 정의하고 방법은 맡기기

팀원에게 업무를 맡길 때 도달해야 할 목적지만 명확히 하라. "이 기획안은 고객사의 비용절감 욕구를 자극해야 합니다. 방식은 영상이든 PPT든 본인이 가장 자신 있는 것으로 정해 보세요." 목적지는 리더가, 경로는 팀원이 선택한다.

3단계) 안전한 실패의 공간 허용하기

권한을 위임받은 팀원이 실수했을 때, 비난 대신 성찰의 질문을 던져라. "이번 결정에서 배운 것은 무엇인가요? 다음엔 어떤 가이드라인이 추가되면 좋을까요?" 리더가 실수를 품어줄 때 팀원의 주도성은 폭발하며, 그 에너지는 고스란히 리더의 영향력으로 되돌아온다.

Leadership Insight

리더의 손이 비워질 때, 팀원의 가슴이 채워진다

진정한 임파워먼트는 권력을 포기하는 것이 아니라, 권력을 공유함으로써 조직 전체의 힘을 키우는 것이다. AI는 당신의 통제 없이도 굴러가지만, 팀원은 당신의 신뢰 없이는 성장하지 않는다. 오늘 당신은 팀원에게 어떤 결정의 즐거움을 선물했는지 생각해 보자.

06

AI를 활용해 설득하는 대화의 기술

영향력은 리더의 진심에서 시작되지만, 그 진심이 상대에게 닿기 위해서는 '정교한 언어'라는 그릇이 필요하다. 아무리 좋은 의도라도 표현이 서툴거나 상대의 맥락을 놓치면 오해를 낳기 쉽다. 과거에는 리더가 혼자 밤잠을 설쳐가며 고민해야 했던 이 설득의 과정을, 이제는 AI와 함께 준비할 수 있다.

AI를 단순한 정보 검색 도구가 아니라 리더의 메시지를 더 날카롭고 설득력 있게 다듬어주는 최고의 소통 참모로 활용할 때 리더의 영향력은 시공간을 넘어 더욱 강력하게 퍼져나간다.

"내 메시지는 왜 공감을 얻지 못할까?"

중요한 변화를 앞두고 팀원들을 설득해야 할 때, 리더는 흔히 자신의 관점에서만 이야기를 풀어간다. '회사가 어려우니까 해야 합니다' '이게 트렌드니까 따라야 합니다'는 식의 논리는 리더 본인에게는 타당할지 몰라도, 서로 다른 가치관과 상황을 가진 팀원들에게는 제각기 다르게 들릴 수 있다.

와튼스쿨의 이선 몰릭 교수는 AI 시대의 리더가 범하기 쉬운 실수 중 하나로 '메시지의 획일성'을 꼽는다. 모든 사람에게 같은 방식으로 말하는 것은 결국 아무에게도 깊은 영향을 주지 못한다는 뜻이다. AI가 개인화된 추천 알고리즘으로 소비자의 마음을 사로잡듯, 리더 역시 AI를 활용해 각기 다른 팀원의 성향과 맥락에 맞춘 '개인화된 설득 전략'을 세워야 한다.

소통의 사각지대와 심리적 마찰력

왜 리더의 설득은 자주 실패할까?

첫째, 반대 의견에 대한 예측 실패 때문이다. 리더는 자신의 논리에 도취되어 상대가 제기할 수 있는 날카로운 반박을 간과하곤 한다. 가장 설득력 있는 메시지는 반론까지 미리 준비된 메시지다.

둘째, 언어적 습관의 고착 때문이다. 리더마다 선호하는 말투와 표현방식이 있는데, 그 익숙한 표현이 어떤 팀원에게는 차갑거나 거부감을 줄 수 있다. 의도가 좋아도 표현이 어색하면 메시지는 벽에 부딪힌다.

셋째, 개별 소통의 에너지 한계 때문이다. 끈기 있게 소통하는 능력의 중요성을 강조하지만, 현실적으로 리더가 모든 팀원을 개별적으로 분석하고 설득할 에너지를 유지하기란 쉽지 않다. AI는 바로 이 에너지의 한계를 보완해 주는 도구다.

변화 앞에서 무너진 팀장의 첫 메시지

헬스케어 스타트업 운영팀의 유 팀장은 오후 늦게 '업무시스템 전환 안내' 공지 메일을 전 직원에게 보냈다. 본문은 3줄이었다.

'다음 달부터 모든 업무 프로세스가 새 시스템으로 변경됩니다. 적응이 필요하신 분들은 하단 링크에서 교육을 신청하십시오. 문의 사항은 담당자에게 연락 바랍니다.'

다음 날 아침 출근하니 팀원들의 어색한 분위기가 느껴졌고, 교육 신청자는 전체 인원의 20%도 안 됐다. 유 팀장은 자신이 보낸 메일을 AI에 붙여넣고 "이 메시지가 직원들에게 어떻게 들릴 것 같아?"라고 물었다. AI의 답은 짧고 명확했다. "통보 형식입니다. 왜 바뀌는지, 이게 직원들에게 어떤 도움이 되는지가 없습니다. 받는 사람 입장에서는 '우리한테 왜 이게 필요한가'가 보이지 않아요."

유 팀장은 잠깐 멍했다. 자신은 정보를 다 줬다고 생각했는데, 정작 사람들이 듣고 싶었던 말은 한마디도 없었다. 그는 AI와 함께 메일을 다시 썼다. 시스템을 바꾸는 이유, 바꾸고 나면 반복업무가 줄어드는 구체적인 부분, 교육이 어렵지 않다는 것, 마지막에는 '전환 과정에서 불편한 점이 생기면 저한테 바로 말해 주세요'라는 문장을 넣었다. 제목도 '다음 달 시스템 변경, 여러분의 업무가 이렇게 달라집니다'로 바꿨다.

수정된 메일을 보낸 다음 날, 교육 신청자 수는 전날의 두 배를 넘었다. 사람들이 저항한 것은 변화 자체가 아니라, '나를 배려하지 않은 소통 방식'이었음을 깨달은 순간이었다.

AI를 '소통 비서'로 활용하는 3가지 전략

리더는 AI를 통해 자신의 설득 시나리오를 미리 시뮬레이션하고 보완해야 한다.

1) 반대자가 되어주는 AI

AI에게 특정한 페르소나를 부여해 보자. "너는 우리 팀의 가장 비판적인 팀원이야. 내가 이 변화를 제안했을 때 네가 할 수 있는 가장 날카로운 반대 의견 5가지를 말해 줘." AI와 미리 부딪혀본 리더는 실전에서 어떤 질문이 나와도 당황하지 않고 침착하게 대응할 수 있다.

2) 메시지의 온도와 톤 조절하기

리더의 메시지를 AI에 입력하고 감성 분석을 요청해 보자. "이 메시지가 너무 강압적으로 들리지는 않는가?" "Z세대 팀원들에게 이 비전이 어떻게 들릴 것 같은가?" AI는 리더가 가진 권위의 편향을 걷어내고, 제3자의 시각에서 메시지의 온도를 조절해 준다.

3) 넛지_{Nudge} 설계의 조력자

행동경제학자 리처드 탈러가 정립한 넛지 이론은 강요나 큰 보상 없이도 사람들이 더 바람직한 방향으로 행동하도록 유도하는 '선택 설계' 전략이다. 핵심은 강제가 아니라 유도다. AI에게 팀원들의 성향 정보를 학습시키고, 각 팀원이 가장 중요하게 생각하는 가치(성장, 안정, 인정 등)와 연결된 설득 멘트를 추천받을 수 있다.

AI와 함께하는 '영향력 대화' 3단계 워크플로우

1단계) 설득 시나리오 시뮬레이션

중요한 발표 전, AI에게 프롬프트를 입력하라. "나는 지금 새로운 AI 협업 툴 도입을 반대하는 10년 차 직원들을 설득해야 해. 그들이 가장 걱정할만한 3가지와 그에 대한 논리적이고 감성적인 답변을 작성해 줘." 실전 전의 완벽한 리허설이 된다.

2단계) 워딩Wording의 최적화

리더가 쓴 초안을 AI에게 검토받아라. "이 공지문에서 지시하는 느낌을 주는 단어들을 찾아 협력과 제안을 뜻하는 부드러운 단어로 바꿔줘. 하지만 핵심 비전은 명확하게 전달되어야 해." 문장 하나의 차이가 팀원의 반응을 180도 바꾼다.

3단계) 사후 피드백 분석

회의나 면담 후, 팀원들의 반응을 AI로 분석해 다음 소통의 전략을 수정하라. "팀원들의 피드백 요약본을 볼 때, 그들이 여전히 불안해하는 근본적인 원인은 무엇일까? 다음번엔 어떤 이야기를 더 해줘야 할까?" 소통은 발송으로 끝나지 않는다. 분석에서 다음 소통이 시작된다.

AI는 문장을 만들지만, 리더는 마음을 만든다

AI를 소통의 파트너로 삼는 리더는 혼자 고민하는 리더보다 훨씬 더 정교한 메시지를 만들 수 있다. AI가 다듬어준 문장에 리더인 당신의 진심을 담아라. 도구는 빌려 쓰되, 그 도구를 휘두르는 손의 온기는 당신의 것이어야 한다. 오늘 당신은 AI와 함께 누구의 마음을 여는 열쇠를 만들었는지 생각해 보자.

Part
7

유연하게 배우고 빠르게 실행하라

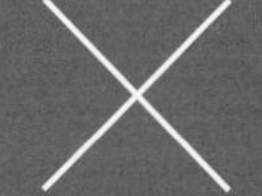

학습민첩성과 애자일 적응력

01

학습민첩성 :
빠르게 배우고 적용하는 힘

과거의 리더십은 축적된 경험에서 나왔다. 20년, 30년 쌓아온 노하우가 곧 권위였고 정답이었다. 하지만 AI 시대의 지식은 유통기한이 극도로 짧다. 작년에 배운 기술이 올해는 구식이 되고, 어제의 성공 공식이 오늘의 실패 원인이 되기도 한다. 이제 리더에게 필요한 것은 무엇을 많이 아는 능력이 아니다. 처음 접하는 복잡한 상황에서도 빠르게 배우고, 이를 즉시 결과로 연결하는 힘, 즉 학습민첩성Learning Agility이 필요하다. 리더의 실력은 경력의 길이가 아니라 학습의 속도에서 증명된다.

"경험이 많은 리더가 왜 새로운 기술 앞에서 작아질까?"

국내 한 기업의 개발팀 김 팀장은 업계 최고의 전문가로 통했지만, 생성형 AI의 파도가 밀려오자 당혹감을 감추지 못했다. 익숙한 과거의 방식으로 대처하려 했지만, 팀원들은 이미 AI를 활용해 그의 상상을 뛰어넘는 속도로 업무를 처리하고 있었다.

이는 학습민첩성의 차이가 만든 전형적인 장면이다. 리더십 전문기관 콘페리연구소에 따르면, 학습민첩성이 높은 리더는 그렇지 않은 리더보다 승진 속도가 더 빠르고, 조직 성과 향상과도 유의미한 상관관계를 보인다. AI 시대에 과거의 성공 경험에 갇힌 리더는 조직의 성장을 이끄는 사람이 아니라 오히려 병목이 되기 쉽다.

변화에 저항하는 '익숙함의 덫'

왜 유능한 리더들이 새로운 학습 앞에서 주춤할까?

첫째, 언러닝의 어려움 때문이다. 새로운 것을 배우려면 과거의 성공 방식을 버려야 하는데, 리더일수록 자신의 무기를 내려놓기 힘들어한다. 성공 경험이 많을수록 오히려 변화에 더 완강히 저항하는 역설이 여기서 생긴다.

둘째, 모호함에 대한 공포 때문이다. 컬럼비아대학교 워너 버크 교수는 "학습민첩성이 낮은 사람일수록 정답이 없는 모호한 상황을 견디지 못하고 익숙한 패턴으로 도망친다"고 말한다. 불확실성을 견디지 못하는 리더는 AI 시대가 만들어 내는 새로운 지형 위에서 쉽게 길을 잃는다.

셋째, 성공의 역설 때문이다. '지금까지 이 방식으로 잘해 왔는데 굳이?'라는 안일함이 리더를 느리게 만든다. 과거의 성공이 클수록 변화의 필요성을 느끼는 속도가 느려진다.

15년 차 팀장, 신입사원에게 '프롬프트'를 배우다

유통 플랫폼 기업 이커머스팀의 정 팀장은 팀 내에서 살아 있는 레퍼런스로 통했다. 트렌드 분석, 프로모션 기획, 벤더 협상까지 15년 치 경험이 몸에 배어 있었다.

어느 날 그는 입사 두 달 차 신입 김 사원에게 "내일 오전까지 여름 시즌 프로모션 방향 초안 하나 잡아봐요"라고 지시했다. 큰 기대 없이 던진 과제였다. 그런데 다음 날 아침, 김 사원은 목차부터 경쟁사 사례, 예상 효과 수치까지 포함된 열 페이지짜리 기획안을 가져왔다. 정 팀장이 "이거 어젯밤에 혼자 다 한 거예요?"라고 묻자 김 사원이 "AI 쓰면서 하니까 한두 시간 정도 걸렸어요"라고 답했다. 정 팀장은 본능적으로 "깊이가 없다"며 깎아내렸지만, 정작 본인은 같은 주제로 반나절을 끙끙대도 서너 페이지를 채우기 힘들었다. 머릿속 15년치 경험이 무색한 순간이었다.

변화는 예상치 않게 찾아왔다. 어느 금요일 오후, 김 사원이 퇴근 준비를 하다가 정 팀장 자리 옆을 지나며 조심스럽게 말했다. "팀장님, 혹시 시간 있으시면 제가 쓰는 방식 한번 같이 해보실래요? 15분이면 돼요." 어색한 제안이었지만, 정 팀장은 잠시 망설이다가 의자를 당겼다.

김 사원이 AI 프롬프트를 입력하는 방법을 보여주자, 화면에 초안이 순식간에 정리되어 나타났다. 정 팀장은 한동안 모니터를 쳐다보다 "이걸 내 경험이랑 같이 쓰면 되는 거네"라고 혼잣말을 했다.

이후 그는 AI로 초안을 잡고 현장 감각으로 살을 붙이는 방식을 도입했고, 팀의 업무 효율은 비약적으로 상승했다. 회의에서 정 팀장이 말했다. "AI가 속도를 만들어 주고, 경험이 방향을 잡아주는 거네요." 그게 바로 새로운 리더십의 모습이었다.

학습민첩성을 구성하는 5가지 축

리더는 단순히 공부를 하는 사람이 아니라, 변화를 흡수하고 전환하는 사람이 되어야 한다.

1) 사고 민첩성 : 복잡한 문제를 단순화하기

학습민첩성이 높은 리더는 복잡한 데이터 속에서 패턴을 읽어내고, AI가 주는 방대한 정보를 전략적 통찰로 빠르게 전환한다. 더 많이 아는 것보다 더 빠르게 핵심을 꿰뚫는 능력이 중요하다.

2) 사람 민첩성 : 열린 마음으로 흡수하기

나보다 어린 팀원이나 AI 전문가로부터 기꺼이 배우려는 열린 태도다. 타인의 관점을 통해 자신의 편향을 깨는 능력이 학습의 속도를 결정한다.

3) 변화 민첩성 : 실험을 즐기는 태도

새로운 도구나 프로세스를 도입할 때 '안 되면 어떡하지?'가 아니라 '어떤 결과가 나올까?'라는 호기심으로 접근하는 태도가 중요하다.

4) 결과 민첩성 : 처음 해보는 일에서도 성과 내기

낯선 상황에서도 당황하지 않고, 가용한 자원(AI 등)을 조합해 실제 성과를 만들어 내는 힘이다.

5) 자기인식 : 자신의 한계를 인정하기

내가 무엇을 알고 무엇을 모르는지 명확히 아는 리더만이 필요한 학습을 제때 시작할 수 있다.

실행 과제

학습민첩성을 깨우는 3단계 데일리 루틴

1단계) 낯선 질문 던지기

매일 아침, AI나 팀원에게 내가 당연하다고 믿었던 방식에 대해 의문을 제기해 보자. "우리가 10년째 해온 이 방식이 지금도 최선일까?" "만약 오늘 팀을 새로 만든다면 이 일을 어떻게 설계할까?" 질문이 멈추면 학습도 멈춘다.

2단계) 작은 실험을 업무에 이식하기

거창한 프로젝트가 아니더라도 새로운 도구를 업무의 일부에 적용해 보자. "이번 주 주간 보고서는 생성형 AI를 활용해 초안을 작성하고, 내가 직접 쓴 것과 어떤 차이가 있는지 비교해 보자." 작은 실험이 반복될수록 리더의 민첩성은 커진다.

3단계) 성찰적 복기 습관화

경험 그 자체보다 경험에 대한 성찰이 학습을 만든다. 퇴근 전 5분간 오늘 새로 배운 것과 내일 다르게 시도할 것을 한 문장으로 기록해 보자. 하루 5분이 1년의 성장을 결정한다.

Leadership \ Insight

AI 시대에 리더의 진짜 경쟁력은 학습의 경사도에 있다

학습민첩성은 불확실한 미래에서 성공을 예측하는 유일한 지표이다. AI는 데이터로 학습하지만, 리더는 통찰과 경험의 결합으로 학습한다. 당신의 지식은 어제에 멈춰 있는가, 아니면 내일을 향해 진화하고 있는가? 오늘 당신은 무엇을 새롭게 배웠는지 생각해 보자.

02

학습속도를 2배로 높이는
메타학습 전략

학습민첩성이 변화에 대응하려는 의지라면, 메타학습Meta-learning은 그 변화를 내 것으로 만드는 기술이다. AI가 쏟아내는 정보의 양은 이미 개인이 감당할 수 있는 수준을 넘어섰다. 이제 리더에게 필요한 것은 무조건 열심히 공부하는 엉덩이의 힘이 아니라, 학습의 구조를 설계하고 지식의 핵심을 꿰뚫는 학습능력이다. AI를 단순한 검색 도구가 아닌 학습의 가속기로 활용할 때, 리더는 남들이 1년 걸릴 지식을 단 한 달 만에 체득하는 슈퍼 러너로 거듭날 수 있다.

"공부는 많이 하는데, 왜 현장에서는 써먹지 못할까?"

주말마다 조찬 강연을 듣고 경영서를 탐독하지만, 막상 팀원들 앞에서 전략을 논하거나 새로운 기술을 도입하려 하면 말문이 막히는 경우가 많다. 이는 학습이 부족해서가 아니라 학습의 방식이 잘못되었기 때문이다. 눈으로 읽고 귀로 듣는 것은 인지일 뿐 습득이 아니다.

학습전략 저술가 스콧 영은 이를 '수동적 학습의 함정'이라 지적한다. 특히 AI 시대에는 정보가 너무나 달콤하고 쉽게 가공되어 제공되기 때문에, 사람들은 자신이 그 지식을 실제로 다룰 수 있다고 착각하기 쉽다. 하지만 진짜 실력은 정보를 입력할 때가 아니라, 머릿속에서 인출하여 현실의 문제를 해결할 때 생겨난다.

메타인지의 부재와 비효율적 학습 습관

왜 학습의 효율이 오르지 않을까?

첫째, 메타인지 Metacognition 부족 때문이다. 바너드 칼리지 심리학과 리사 손 교수는 "자신이 무엇을 알고 무엇을 모르는지 정확히 파악하지 못하는 것이 학습의 가장 큰 장애물"이라고 말한다. 안다고 느끼는 것과 실제로 아는 것은 전혀 다르다.

둘째, 직접성의 원칙 위반 때문이다. 현장과 연결되지 않은 이론 학습은 오래 남지 않는다. 리더십 책을 100권 읽어도 갈등상황에서 직접 활용해 보지 않으면 지식은 몸에 배지 않는다.

셋째, 피드백 루프의 부재 때문이다. 내가 제대로 이해했는지 검증할 수 있는 장치 없이 일방적으로 지식을 주입하면 오개념이 쌓인다. 틀린 줄 모르고 계속 쌓이는 지식은 나중에 더 큰 실패를 부른다.

100권의 독서보다 강력한 '한 줄의 인출'

금융업 계열사 디지털전략팀의 한 팀장은 사내에서 손꼽히는 '다독가'였다. 그의 책상에는 늘 최신 경영서와 AI 트렌드 서적이 쌓여 있었고, 연간 독서량은 100권을 상회했다. 팀원들도 그가 해박한 지식을 가졌을 거라 믿어 의심치 않았다.

어느 날 분기 전략 회의에서 AI 도입 방향을 논의하던 중 팀원 한 명이 물었다. "팀장님, 최근에 읽으신 책 중에 우리 같은 전통 금융사가 AI를 도입할 때 겪는 초기 저항을 어떻게 해결했는지 참고할 만한 사례가 있을까요?" 한 팀장은 잠시 생각하다가 말했다. "음… 그 부분은 여러 책에서 다루긴 했는데, 딱 우리 상황에 맞는 걸 지금 바로 말하기가 좀 어렵네요." 100권을 읽은 리더의 답변치고는 공허했다.

그날 저녁 한 팀장은 사무실에서 혼자 앉아 지난 한 해 읽은 책 목록을 펼쳐봤다. 분명히 AI 전환 사례를 다룬 책도 여러 권 있었다. 디지털 트랜스포메이션 관련 책도 있었다. 그런데 막상 회의에서 꺼내려 하니 아무것도 떠오르지 않았다. 읽고 덮으면 끝이었기 때문이다.

한 팀장은 그날부터 학습방식을 바꿨다. 책을 읽은 뒤 AI에게 이렇게 질문하기 시작했다. "내가 이 책에서 이해한 내용은 이렇다. 우리 팀 상황에 어떻게 적용할 수 있을지 정리해 줘." 그리고 그 대화를 바탕으로 한 장짜리 요약을 만들어 팀 메신저에 공유했다. 처음엔 '내가 읽은 것의 요약' 수준이었지만, 점차 팀원들과의 활발한 토론으로 이어졌다.

몇 달 뒤 전략회의에서 비슷한 질문이 나왔다. AI 전환 속도를 어떻게 가져가야 하느냐는 주제였다. 한 팀장은 "최근 읽은 사례 중에 대형 금융사가 AI를 전면 도입하지 않고 부서별로 단계 적용했더니 초기 저항이 크게 줄었다는 내용이 있었습니다. 우리도 이런 방식이 맞지 않을까요?" 팀원들이 고개를 끄덕였다. 구체적인 근거가 있는 말이었다.

한 팀장은 책을 더 많이 읽은 게 아니었다. AI를 파트너 삼아 '인출하고 피드백받는 과정'을 습관화했을 뿐이다. 지식은 축적이 아니라 '출력'할 때 비로소 내 것이 된다는 것을, 그는 학습의 실패를 경험한 후에야 체득했다.

학습속도를 2배로 높이는 메타학습 프레임워크

리더는 AI를 개인 튜터로 활용해 학습의 전 과정을 최적화해야 한다.

1) 지도의 설계 Meta-learning

공부를 시작하기 전, AI에게 학습지도를 그려달라고 요청해 보자. '이 분야를 이해하기 위해 반드시 알아야 할 핵심개념 20%는 무엇인가?'를 먼저 파악하는 것이다. 전체 구조를 먼저 잡는 것만으로도 학습시간을 절반으로 줄일 수 있다.

2) 능동적 인출_{Active Recall}

어렵게 배운 것은 오래 남고, 쉽게 배운 것은 쉽게 잊힌다. AI와 대화를 통해 자신이 이해한 내용을 토론해 보자. "내가 이해한 내용을 설명할 테니 틀린 부분이 있는지 확인해 줘"라고 요청하는 방식이다. 이 인출 과정에서 뇌의 신경회로가 강화되고 기억이 장기화된다.

3) 파인만 기법 활용_{The Feynman Technique}

복잡한 개념을 초등학생도 이해할 수 있을 정도로 쉽게 설명해 보는 것이다. AI에게 "내가 설명한 내용에서 보완할 점이나 오류를 지적해 줘"라고 요청해 보자. 복잡한 AI 알고리즘이나 경영이론도 이 과정을 거치면 완벽히 리더의 언어로 체득된다.

실행 과제

리더의 '슈퍼 러닝' 3단계 실천

1단계) 학습지도 생성 프롬프트 활용

새로운 분야를 접할 때 무작정 자료부터 모으지 말고 AI에게 먼저 질문하라. "내가 [신규 사업 분야]의 의사결정을 내릴 수 있는 수준까지 빠르게 학습하고 싶어. 가장 핵심적인 로드맵과 참고해야 할 최고의 자료들을 정리해 줘." 방향 없는 공부는 대부분 시간 낭비로 끝난다.

2단계) 설명하기를 통한 검증

학습한 내용을 팀원이나 AI에게 설명하라. "오늘 배운 [생성형 AI의 보안 이슈]를 우리 팀원들에게 5분 안에 설명한다면 어떻게 말해야 할까?"라고 자문하고 AI와 연습해 보자. 막히는 부분이 바로 당신이 모르는 부분이다.

3단계) 피드백을 통한 즉각 수정

피드백은 가혹할수록 도움이 된다. 작성한 기획안이나 전략안을 AI에게 주고 "이 안에서 논리적 비약이나 최신 트렌드에 뒤떨어진 부분을 가차 없이 비판해 줘"라고 요청하라. 이 반복적인 교정 과정이 학습속도를 폭발적으로 높여 준다.

공부의 목적은 지식을 쌓는 것이 아니라, 지식을 사용하는 것이다
진정한 메타인지는 자신의 모름을 인정하는 용기에서 시작된다. AI는 당신의 기억을 대신할 수 있지만, 통찰과 판단을 대신할 수는 없다. AI라는 지식의 조수를 활용해, 가장 빠르게 본질에 도달하는 리더가 되어라. 오늘 당신은 배운 것을 어떻게 사용해 보았는지 생각해 보자.

03

완벽한 계획 중독에서 벗어나기 : 분석마비를 넘어 실행으로

과거 경영의 미덕은 치밀한 계획이었다. 1년 뒤, 3년 뒤를 내다보는 정교한 로드맵을 그리고, 그 계획을 오차 없이 실행하는 리더가 유능하다고 평가받았다. 하지만 AI가 매주 새로운 모델을 내놓고 시장 환경이 하룻밤 새 뒤바뀌는 지금, 완벽한 계획은 오히려 조직의 발목을 잡는 족쇄가 된다.

이제 리더에게 필요한 것은 모든 변수를 통제하려는 계획 중독에서 벗어나, 일단 움직이며 방향을 수정해 나가는 애자일Agile 한 실행력이다.

"완벽하게 준비하다가 기회를 다 놓쳤어요"

많은 리더가 새로운 사업이나 AI 도입을 검토할 때 '아직 리스크가 충분히 분석되지 않았다' '조금 더 완벽한 기획안이 필요하다'며 실행을 미룬다. 하지만 리더가 책상 앞에서 완벽을 기하는 동안 시장은 이미 저만치 앞서간다. 이를 흔히 '분석마비Analysis Paralysis'라고 부르는데, 정보 수집과 분석에 과도하게 집착한 나머지 의사결정을 내리지 못하거나 지연시키는 현상을 말한다. AI 시대의 리더십은 모든 정답을 알고 시작하는 것이 아니라, 정답을 찾아가는 과정 자체를 관리하는 것이다.

리더를 주저하게 만드는 3가지 심리적 허들

왜 우리는 여전히 계획에 집착할까?

첫째, 예측 통제 편향 때문이다. 우리는 계획을 세우면 미래를 통제하고 있다는 가짜 안도감을 느낀다. 두꺼운 기획서가 불확실성을 막아줄 것이라는 착각이다. 하지만 계획은 미래를 통제하지 못한다. 다만 현재의 불안을 잠재울 뿐이다.

둘째, 실패에 대한 낙인 때문이다. 한 번의 실수가 리더십의 결함으로 보일까 봐 완벽이라는 방패 뒤에 숨으려 한다. 실패가 무능의 증거가 아니라 학습의 과정임을 인정하지 않는 문화는 리더를 움츠러들게 한다.

셋째, 선형적 사고의 관성 때문이다. 산업화 시대에는 투입을 정교하게 하면 결과가 예측 가능하다고 믿었다. 하지만 AI 시대의 변화는 선형이 아니라 비선형이다. 정교한 투입이 엉뚱한 결과를 낳는 일이 비일비재하다.

6개월 준비하다 출시 타이밍을 놓친 팀

핀테크 스타트업 서비스기획팀의 윤 팀장은 치밀한 기획으로 신뢰받는 리더였다. 새로운 기능을 출시하기 전에는 충분한 분석과 검증이 필요하다고 믿었다. 그는 AI 개인화 추천 기능을 기획하며 사용자 인터뷰, 데이터 분석, 경쟁사 조사 등 6개월에 걸쳐 철저하게 준비했다. 팀원들은 군말 없이 따랐고, 마침내 완벽한 기획서가 완성되어 개발팀에 넘기려던 찰나였다.

그날 오전 한 팀원이 경쟁사 앱 업데이트 공지를 발견했다. 〈AI 기반 맞춤 추천 기능 출시〉 놀랍게도 윤 팀장이 6개월간 공들인 기획과 방향이 거의 일치했다.

그날 저녁 윤 팀장은 혼자 사무실에 남아 지난 6개월을 되짚었다. 3개월 차 때 기획 방향이 80% 잡혔었다. 그때 거칠게라도 프로토타입을 내놨다면 어땠을까? 사용자 반응을 보면서 나머지 20%를 채웠다면…. 완성도를 높이느라 보낸 3개월이 결국 출시 타이밍을 놓치는 시간이 되고 말았다.

이후 윤 팀장은 팀 회의에서 기준을 바꾸겠다고 선언했다. "앞으로 우리는 70%가 됐다 싶으면 일단 작은 범위로 내놓겠습니다. 나머지 30%는 실제 반응을 보면서 채우는 거예요." 다음 프로젝트에서 팀은 기획 시작 두 달 만에 일부 사용자에게 베타 버전을 공개했다. 완벽하지는 않았지만 사용자 피드백이 빠르게 쌓였고, 그 데이터가 다음 업데이트 방향을 알려주었다. 그는 그때 확신했다. 완벽한 계획보다 빠른 실행이 더 좋은 답을 준다는 사실을.

계획 중심에서 적응 중심으로의 전환

리더는 건축가가 아니라 정원사의 마음으로 조직을 이끌어야 한다. 정원사는 모든 것을 통제하려 하지 않는다. 대신 환경을 만들고 변화에 맞춰 조정한다.

1) 애자일 선언의 핵심 : 계획보다 변화 대응

2001년 소프트웨어 개발자 17인이 함께 만든 애자일 선언의 핵심은 '계획을 따르기보다 변화에 대응하는 것'이다. AI 환경에서는 계획의 완성도보다 피드백 루프Feedback Loop의 속도가 더 중요하다. 리더는 계획이 틀렸음을 인정하는 것을 두려워하지 말고, 얼마나 빨리 수정했는지를 성과의 기준으로 삼아야 한다.

2) 프로토타이핑 사고방식

스탠퍼드 d.school에서 강조하는 프로토타이핑Prototyping은 완벽한 제품을 만들기 전에 핵심기능만 담은 시제품을 만들어 보는 것이다. 리더십도 마찬가지다. 전사적인 변화를 단번에 추진하기보다 작은 팀에서 먼저 실험해 보고, 그 결과를 바탕으로 확장하는 테스트 앤 런Test & Learn 방식이 필요하다.

3) AI를 시나리오 플래너로 활용하기

완벽한 하나의 계획 대신, AI를 활용해 발생 가능한 수십 가지의 시나리오를 미리 돌려보자. AI는 이 계획이 틀어질 경우에 대한 대안_{Plan B, C}을 순식간에 만들어 준다. 리더는 계획을 확정 짓는 사람이 아니라, 다양한 가능성에 열려 있는 상태를 유지하는 사람이어야 한다.

계획 중독을 치료하는 리더의 3단계 실천

1단계) Time-boxing으로 분석시간 제한하기

어떤 결정을 내릴 때 분석에 쏟는 시간을 강제로 제한하라. "기획안 검토는 딱 내일 오전까지만 한다. 100%가 아니라 70%만 확신이 들어도 일단 실행에 옮긴다." 시간을 제한하면 결정의 질이 낮아지는 것이 아니라 불필요한 완벽주의가 걸러진다.

2단계) 학습 가설 세우기

모든 계획을 반드시 성공해야 하는 프로젝트가 아니라 학습을 위한 가설로 정의하라. 업무 지시를 내릴 때 "이건 반드시 성공해야 해"가 아니라 "이 시도를 통해 우리가 어떤 데이터를 얻을 수 있을지 확인해 보자"라고 말하라. 실패도 가설 검증의 일부가 된다.

3단계) 빠른 실패를 포상하기

실패를 비난하지 않고, 그 실패에서 얻은 데이터의 가치를 인정하라. 주간회의 때 '이번 주에 가장 빨리 실패하고 귀중한 교훈을 얻은 사례'를 공유하는 것도 좋은 방법이다. 리더가 실패에 너그러울 때 팀은 비로소 애자일하게 움직인다.

완벽은 적응의 적이다

최고의 계획은 실행하는 과정에서 끊임없이 수정되는 계획이다. AI가 당신의 계획을 대신 짜줄 수는 있지만, 그 계획이 틀렸을 때 과감히 방향을 꺾는 용기는 오직 리더만이 낼 수 있다. 오늘 당신은 완벽해지려 노력했는지, 아니면 유연해지려 노력했는지에 대해 생각해 보자.

04

80% 정보로 방향을 정하기 :
적시성이 리더십의 본질이다

데이터가 넘쳐나는 AI 시대에는 역설적으로 리더들이 더 큰 결정장애에 빠지기도 한다. AI가 쏟아내는 수만 페이지의 보고서를 다 읽고, 모든 리스크가 0%가 될 때까지 기다리다 보면 시장의 기회는 이미 사라지고 없다. 과거에는 신중함이 미덕이었지만, 지금은 적시성이 리더십의 본질이다. 80%의 정보만으로도 방향을 정하고, 나머지 20%는 실행하면서 채워가는 배짱이 필요하다. 완벽한 정보는 박물관에나 있는 것이지, 비즈니스 현장에는 존재하지 않기 때문이다.

"데이터를 더 뽑아와!"

새로운 마케팅 캠페인이나 AI 솔루션 도입을 앞두고 리더가 가장 흔히 하는 실수는 '데이터가 부족하니 더 보강해 오라'는 지시다. 하지만 90%, 100%의 정보를 모으는 데 드는 시간과 비용은 그 결정으로 얻을 수 있는 이익보다 훨씬 큰 경우가 많다.

아마존 창업자 제프 베이조스는 2016년 주주 서한에서 "대부분의 의사결정은 원하는 정보의 70% 정도만 확보했을 때 내려져야 한다"고 강조했다. 90%까지 기다린다면 이미 늦었을 가능성이 높다는 것이다. AI가 실시간으로 데이터를 업데이트하는 세상에서 100%의 정보란 어차피 존재하지 않는 허상이다. 리더의 역할은 완벽한 정보를 모으는 것이 아니라, 불충분한 정보 속에서 가장 가능성 높은 방향을 선택하는 것이다.

완벽주의의 함정과 결정 지연의 심리학

왜 리더는 자꾸 더 많은 정보를 찾으려 할까?

첫째, 리스크 회피 성향 때문이다. 정보가 많을수록 실패의 책임을 면할 수 있다는 무의식적 방어기제가 작동한다. 결정을 미루는 것이 실패를 피하는 방법처럼 보이지만, 결정 지연 자체가 이미 하나의 선택임을 잊곤 한다.

둘째, 데이터 만능주의 때문이다. AI가 모든 정답을 알려줄 것이라는 착각이다. 하지만 AI는 과거의 데이터를 분석할 뿐, 미래를 결정해 주지는 못한다. AI의 분석력은 리더의 판단력을 대체하는 것이 아니라 보완하는 도구일 뿐이다.

셋째, 결정의 가역성Reversibility을 무시하기 때문이다. 제프 베이조스가 말한 양방향 문Two-way Door처럼 언제든 수정 가능한 결정임에도 불구하고, 마치 한 번 정하면 끝인 것처럼 비장하게 접근한다. 되돌릴 수 있는 결정인데도 마치 돌이킬 수 없는 결정처럼 신중하게 접근하면 조직의 속도는 느려진다.

완벽한 데이터보다 값진 '실전의 한 달'

대형 유통사 디지털마케팅팀의 손 팀장은 "조금만 더 모아보자"는 말을 입에 달고 살았다. AI 기반 개인화 광고 시스템 도입 이야기가 처음 나온 게 1분기였는데, 어느새 3분기가 됐다.

팀원들은 연령별 구매 패턴, 시간대별 클릭률, 디바이스 전환율 등 다양한 데이터를 계속 추가로 분석했다. 하지만 손 팀장은 늘 같은 말을 했다. "이 정도로는 아직 모수가 작아요. 신뢰도가 좀 더 올라와야 의미 있는 타깃팅이 가능해요."

그러던 어느 날 한 팀원이 경쟁사 앱 화면을 슬랙에 올렸다. 경쟁사는 이미 두 달 전 개인화 추천 기능을 출시했고, 사용자 데이터를 기반으로 업데이트까지 진행한 상태였다. 오후 긴급히 소집된 팀 회의에서 이 사원은 조심스레 말했다. "팀장님, 제가 틀린 걸수도 있는데요. 저희가 완벽한 데이터를 기다리는 동안 경쟁사는 불완전한 데이터로 이미 학습을 시작한 거잖아요. 지금 저희가 가진 데이터로 시작했으면 우리도 그 학습량이 쌓였을 텐데요."

손 팀장은 잠시 생각하다가 고개를 끄덕였다. 그날 회의에서 손 팀장은 프로젝트 일정을 다시 잡았다. 보유한 데이터 기준으로 1차 타깃 세그먼트 세 개만 잡아 우선 시범운영하는 방식이었다. 완벽한 준비가 아니라 작게 시작해서 실전 데이터를 쌓는 방향으로 바꾼 것이다. 한 달 뒤 1차 결과가 나왔을 때 이 사원이 "이 데이터, 우리가 기다리던 것보다 훨씬 쓸 만한데요"라고 말하자 손 팀장이 웃으며 답했다. "그러게요. 기다렸으면 못 얻었을 거예요."

80% 의사결정을 위한 전략적 사고

리더는 정보의 양이 아니라 결정의 성격에 따라 의사결정 속도를 조절해야 한다.

1) 결정의 성격을 구분하라 : 1종 vs 2종

1종 결정One-way Door은 대규모 인수합병과 같이 되돌릴 수 없는 중대한 결정으로, 신중함이 필요하다. 2종 결정Two-way Door은 신규 기능 테스트와 같이 실행해 보고 틀리면 언제든 되돌릴 수 있는 결정이다. AI 시대 업무의 80%는 2종 결정이다. 리더는 여기서 80%의 확신만으로도 'Go'를 외쳐야 한다.

2) 핵심에 집중하는 전략적 우위

UCLA 경영대학원 리처드 루멜트 교수는 "전략이란 가장 핵심적인 난관에 집중하는 것"이라고 말한다. 100가지 데이터를 모두 보는 대신, 성패를 좌우할 핵심지표 2개 또는 3개만 확인되면 즉시 결정을 내려야 한다. 나머지는 지엽적인 노이즈일 뿐이다.

3) AI를 '교정 나침반'으로 활용하기

일단 결정하고 실행에 옮긴 뒤, 발생하는 실시간 데이터를 AI로 분석하라. AI는 80%의 정보로 시작했을 때 발생하는 오류를 빠르게 발견하고 수정 방향을 제시한다. 리더는 결정을 확정하는 사람이 아니라, 결정을 최적화해 나가는 사람이어야 한다.

실행 과제

'가면서 보완하는' 리더의 3단계 의사결정법

1단계) 데드라인 먼저 정하기

보고를 받기 전, 결정시점을 미리 정해 팀원들에게 공유하라. "이 안건은 내일 오후 2시까지만 논의하고 바로 결정하겠습니다. 그때까지 확인 가능한 정보로 최선의 안을 가져오세요." 결정시점이 정해지면 논의의 질이 달라진다.

2단계) 수정 가능성을 전제로 지시하기

결정이 완벽하지 않음을 리더가 먼저 인정하고, 팀원들에게 유연성을 부여하라. "현재 80% 정도 확신이 드니 일단 시작합시다. 일주일간의 데이터를 보고 전략을 전면 수정할 준비를 해주세요." 리더가 수정 가능성을 열어두면 팀은 안심하고 실행에 뛰어든다.

3단계) 결정의 비용 계산하기

결정을 미룸으로써 발생하는 기회비용을 팀원들과 공유하라.

"우리가 100%를 기다리는 동안 경쟁사가 먼저 시장을 점유한다면 그 손해는 얼마일까요?" 이 질문이 조직에 긴박감을 불어넣는다.

빠른 결정이 틀리는 것보다, 늦은 결정이 맞는 것이 더 위험하다

전략적 리더는 불확실성을 제거하는 사람이 아니라, 불확실성 속에서 방향을 잡는 사람이다. AI는 데이터를 줄 수 있지만, 결단의 용기까지 대신해 주지는 않는다. 80%면 충분하다. 나머지는 실행 과정에서 AI의 분석과 리더의 판단으로 채우면 된다. 오늘 당신은 일단 무엇을 시작했는지 생각해 보자.

05

완벽보다 빠르게 :
MVP 사고방식

과거의 리더는 100% 완성된 결과물을 팀원에게 요구하고, 그것을 완벽하게 검토한 뒤 세상에 내놓는 최종 감수자였다. 하지만 AI가 주도하는 비즈니스 환경에서 '완성'이라는 단어는 사실상 소멸했다. 이제 리더에게 필요한 것은 거창한 완성품이 아니라, 핵심가치만을 담아 빠르게 실행하고 피드백을 얻어내는 MVP_{Minimum Viable Product, 최소기능제품} 사고방식이다. 작게 시작해 크게 키우는 능력, 이것이 AI 시대 리더가 가져야 할 최고의 기획력이다.

"완벽하게 준비했는데, 왜 시장에선 외면받을까?"

수개월 동안 공들여 기획하고, 수십 번의 수정을 거쳐 야심 차게 내놓은 프로젝트가 정작 시장이나 고객에게 아무런 반응을 얻지 못할 때 리더는 깊은 무력감에 빠진다. 원인은 완벽주의에 있다. 리더가 완벽을 기하는 동안 고객의 니즈는 이미 변했고, 리더의 가설은 현실과 동떨어지게 된 것이다.

링크드인 공동창업자 리드 호프먼은 "만약 당신의 제품 첫 버전이 부끄럽지 않다면, 당신은 너무 늦게 출시한 것이다"라고 말했다. AI 시대의 리더는 불완전한 결과물을 세상에 내놓고, 그 과정에서 얻은 데이터를 학습의 재료로 바꿀 줄 아는 유연함을 가져야 한다.

리더를 망치는 '워터폴Waterfall'의 추억

왜 리더는 여전히 한 번에 끝내려는 유혹에 빠질까?

첫째, 결과물 중심의 사고 때문이다. 리더십의 성과를 최종 결과물의 완성도로만 정의하려 한다. 좋은 보고서, 두꺼운 기획서가 유능함의 증거라고 배워온 세대에게 미완의 결과물을 내놓는 것은 여전히 낯선 용기다.

둘째, 피드백에 대한 두려움 때문이다. 중간 과정의 미흡함을 드러내는 것이 실력 부족으로 보일까 걱정한다. 하지만 일찍 피드백을 받는 리더가 더 빨리 성장하고, 팀도 더 빨리 강해진다.

셋째, 자원 낭비의 역설 때문이다. 실패하지 않으려고 자원을 쏟아붓지만, 오히려 그 때문에 실패했을 때의 매몰비용이 커져 방향 수정을 더 어렵게 만든다. 투자 규모가 커질수록 틀렸다는 사실을 인정하기가 더 어려워진다.

3개월 기획이 무용지물이 된 순간

B2B 기업 제품기획팀의 오 팀장은 꼼꼼함이 무기였다. 신규 자동화 기능 기획을 위해 경쟁사 분석, 고객 인터뷰, 수익모델 시뮬레이션까지 진행하며 팀원들과 석 달 동안 기획서를 완성했다.

주요 고객사 미팅에서 발표를 시작하려는 순간 담당자가 말했다. "잠깐, 혹시 저희 회사의 사정을 먼저 말씀드려도 될까요? 사실 저희한테 당장 필요한 건 이쪽 문제를 해결하는 거예요. 그게 없으면 다른 기능은 써도 의미가 없어요." 고객사는 오 팀장이 준비한 기능과는 전혀 다른, 당장 해결해야 할 현장의 고충을 쏟아냈다.

돌아오는 길, 이 대리가 "사실 전에 인터뷰할 때 비슷한 이야기가 나온 적 있었는데, 전체 방향이 잡혀 있어서 그냥 넘겼거든요"라고 고백했을 때 오 팀장은 자신이 석 달 동안 공들인 것은 '정답'이 아니라 '잘못된 가설'이었음을 깨달았다.

이후 그는 방식을 바꿨다. 기획서를 완성하기 전에 먼저 핵심기능 하나만 담은 두 장짜리 초안을 들고 고객사를 찾아갔다. 미완성 기획서가 불안했던 팀원들도 고객사의 피드백이 기획의 뼈대가 되는 과정을 보며 확신을 얻었다. 결국 석 달이 걸리던 의사결정은 단 3주로 단축되었다.

'만들기-측정-학습' 순환고리

린 스타트업의 핵심인 '만들기 – 측정 – 학습' 사이클은 가설 기반 실험을 통해 실패비용을 최소화하고 학습속도를 가속화하는 방법이다. 리더는 기획의 단계를 짧고 빠르게 반복하는 사이클의 관리가 되어야 한다.

1) 가설 수립 : 무엇을 배울 것인가?

성공적인 프로젝트의 핵심은 유효한 학습에 있다. 리더는 팀원에게 "완벽한 기획안을 가져와"라고 말하는 대신, "우리가 확인하고 싶은 핵심가설 하나가 무엇인가?"라고 물어야 한다.

2) MVP 실행 : 가장 가볍게 시작하기

최소한의 자원으로 핵심기능만 구현해 보자. AI는 이 단계에서 최고의 우군이다. 복잡한 코딩이나 디자인 없이도 AI를 활용해 서비스의 프로토타입을 빠르게 만들 수 있다. 리더는 이런 작은 시도를 적극적으로 장려해야 한다.

3) 피봇Pivot 혹은 견디기Persevere

데이터를 확인한 후, 기존 전략이 틀렸다면 과감히 방향을 트는 피봇을 결정하는 것이 리더의 역할이다. AI가 실시간으로 분석해 주는 피드백 데이터를 근거로 삼으면, 리더는 감정에 휘둘리지 않고 냉철하게 다음 단계를 결정할 수 있다.

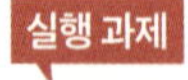

조직에 MVP 문화를 심는 리더의 3단계 실천

1단계) 완성도 대신 학습속도 칭찬하기

보고서의 화려함이나 기획안의 두께가 아니라, 얼마나 빨리 가설을 검증했는지를 평가지표로 삼아라. "이 보고서는 훌륭한 분석이지만 너무 오래 걸렸네요. 다음엔 30% 정도만 진행된 시점에서 저와 먼저 논의합시다." 리더가 기준을 바꾸면 팀의 행동이 바뀐다.

2단계) 더하기가 아닌 빼기 리더십

프로젝트를 시작할 때 반드시 물어라. "이 기능을 빼고도 고객이 우리 서비스의 핵심가치를 느낄 수 있을까?" 가장 핵심적인 하나에 집중하고 나머지는 과감히 덜어내는 것이 리더의 용기다.

3단계) AI 시뮬레이션으로 가상 MVP 돌려보기

실제로 출시하기 전, AI에게 고객 페르소나를 부여하고 반응을 미리 테스트하라. "네가 깐깐한 40대 직장인 고객이라면, 이 서비스의 어떤 부분이 가장 불편할 것 같아?" 이 과정을 통해 리더는 실제 자원을 투입하기 전 최소비용으로 가설을 정교화할 수 있다.

Leadership Insight

완벽한 실패보다 불완전한 성공의 반복이 낫다

성공은 얼마나 많이 만드느냐가 아니라, 얼마나 빨리 배우느냐에 달려 있다. AI는 업무를 가속화해 주지만, 무엇이 옳은 방향인지는 작은 시도와 피드백을 통해서만 알 수 있다. 오늘 당신은 팀원의 완벽주의를 부추겼는지, 아니면 빠른 실험을 응원했는지 생각해 보자.

06

매일 1%씩 개선하는
카이젠 문화

우리는 흔히 혁신을 어느 날 갑자기 일어나는 거대한 폭발이라고 생각한다. 하지만 세상을 바꾼 기업들의 실상은 조금 다르다. 그들은 오늘보다 조금 더 나은 내일을 만드는 사소한 개선을 멈추지 않았다. 일본 도요타자동차를 세계적 기업으로 만든 힘이자, 실리콘밸리 애자일 철학의 뿌리가 된 카이젠Kaizen, 改善이 바로 그것이다. AI가 매 순간 데이터를 학습하며 스스로를 최적화하듯, 리더는 조직 구성원 모두가 매일 1%씩 더 나아지는 점진적 성장의 시스템을 구축해야 한다.

"현장의 1%가 전체의 100%를 바꾼다"

도요타는 단순히 차를 잘 만드는 회사가 아니라, 문제를 발견하고 해결하는 방식을 체계화한 회사다. 그들의 카이젠 정신은 3가지 핵심축으로 움직인다.

첫째, 안돈_{Andon} 시스템이다. 작업 중 문제가 발견되면 신입사원이라도 즉시 라인을 멈출 수 있는 권한이다. 이는 문제를 숨기지 않고 학습의 기회로 삼는 학습민첩성의 극치를 보여준다.

둘째, 5Why 기법이다. 문제가 발생했을 때 "왜?"라는 질문을 다섯 번 반복해 현상이 아닌 본질적인 원인을 찾아낸다. 리더가 직관에만 의존하지 않고 데이터와 본질에 집중하게 만드는 훈련이다.

셋째, 현지현물_{Genchi Genbutsu}이다. 책상에서 보고받는 것이 아니라 현장에서 직접 눈으로 보고 개선점을 찾는 것이다. AI 시대에도 데이터 너머의 맥락을 읽는 리더의 태도가 왜 중요한지 보여준다.

이벤트성 혁신의 함정과 점진적 개선의 힘

왜 우리 팀의 혁신은 작심삼일로 끝나는 걸까?

첫째, 혁신을 '이벤트'로 접근하기 때문이다. 많은 리더가 "오늘부터 우리는 애자일하게 일한다" "내일부터 AI를 전면 도입한다"고 선포하지만, 얼마 못 가 과거의 습관으로 돌아간다. 일상적인 시스템의 변화 없이 구호만 외치는 혁신은 구성원들에게 피로감만 더할 뿐이다.

둘째, 작은 개선의 파급력을 간과하기 때문이다. 영국 사이클 국가대표팀의 데이브 브레일스퍼드 감독은 '사소한 성과의 한계 이익' 이론을 통해 팀을 바꿨다. 사이클의 안장 높이, 선수들의 베개 종류, 손을 씻는 방식 등 모든 영역에서 딱 1%씩만 개선했을 때, 만년 꼴찌였던 영국 대표팀은 올림픽 금메달을 휩쓸었다.

셋째, 집요한 관찰의 부재 때문이다. 리더가 주목해야 할 것은 거창한 구호가 아니라, 매일 반복되는 업무 프로세스의 1% 균열을 찾아 메우는 것이다. 사소한 불편함을 방치하지 않고 개선의 기회로 삼을 때, 조직은 비로소 근본적인 체질 개선에 성공한다.

30분의 엑셀 노가다를 없앴더니 생긴 일

제조업 영업관리팀의 백 팀장은 어느 월요일 오전, 팀원들이 실적 수치를 주간 보고서 엑셀 양식에 붙여넣는 단순 반복작업에 매달리는 것을 발견했다. 백 팀장이 최 대리에게 "매주 이 작업을 하냐"고 묻자 "네, 한 30분 걸려요. 숫자 끌어오고 형식 맞추다 보면요"라고 답했다. 한 명당 30분, 팀원 5명이면 매주 2.5시간, 1년이면 100시간이 넘는 시간이 의미 없이 사라지고 있었다.

백 팀장은 김 과장에게 이 작업을 AI 템플릿으로 자동화해 볼 것을 제안했다. "이 보고서를 AI 템플릿으로 자동화할 수 있는지 한번 봐줄 수 있어요?" 이틀간의 작업 끝에 5분 만에 끝나는 자동화 시스템이 구축되었다. 처음엔 팀원들도 '조금 편해졌네' 정도의 반응이었다. 하지만 한 달이 지나자 월요일 오전 분위기가 달라졌다. 팀원들이 보고서 대신 고객사 연락과 미팅 준비를 먼저 시작한 것이다.

백 팀장은 '주간 보고서 자동화라는 작은 개선이 실적 상승의 시작이었다'고 회고했다. 이후 백 팀장은 회의 때마다 질문을 던졌다. "요즘 업무 중 가장 쓸데없다고 느끼는 사소한 작업이 뭐야?" 그는 거창한 아이디어를 묻지 않았다. 그저 매일 반복되는 가장 사소한 문제를 하나씩 제거해 나갔을 뿐이다.

카이젠과 AI의 결합 : '반복적 최적화'

AI 시대의 카이젠은 인간의 직관과 AI의 분석력이 만날 때 폭발적인 시너지를 낸다.

1) PDCA 사이클의 가속화

계획Plan-실행Do-점검Check-조치Act의 PDCA 사이클은 카이젠의 기본이다. AI는 이 중 점검과 조치 단계를 획기적으로 단축해 준다. 리더는 AI 대시보드를 통해 실시간으로 성과를 모니터링하고, 즉각적으로 다음 1%의 개선안을 도출해야 한다.

2) 심리적 안전감이 전제된 카이젠

카이젠의 핵심은 '문제를 말해도 안전하다'는 믿음이다. 리더는 실수를 지적하는 감시자가 아니라, 실수를 시스템의 허점으로 치환하여 함께 개선하는 파트너가 되어야 한다. AI가 오류를 통해 더 똑똑해지듯, 팀원들도 실패를 공유할 때 더 성장한다.

3) 마이크로 학습 문화

거창한 교육 프로그램보다 매일 아침 10분의 팁 공유가 더 강력하다. 팀원들이 발견한 AI 활용 노하우, 업무 단축 비결 등을 짧게 공유하는 문화가 쌓일 때 조직의 학습민첩성은 극대화된다.

매일 1% 성장을 만드는 리더의 3단계 루틴

1단계) 작은 불편함 수집하기

팀원들에게 대단한 아이디어를 묻지 마라. 대신 "요즘 일을 하면서 가장 귀찮고 쓸데없다고 느끼는 일이 무엇인가?"를 물어라. 주간회의 때 이달의 가장 귀찮았던 업무를 선정하고, 이를 AI로 자동화하거나 프로세스를 줄일 방법을 단 15분만 토의하라.

2단계) 1% 개선의 기록, '카이젠 보드' 운영

우리 팀이 오늘 무엇을 1% 개선했는지 눈에 보이게 기록한다. 화이트보드든 공유 문서든 상관없다. '이메일 템플릿 하나를 바꾼 일' '회의시간을 10분 줄인 일' 같은 사소한 변화가 모이면 팀은 점점 성장의 감각을 갖게 된다.

3단계) 리더의 '셀프 카이젠'

리더 스스로도 자신의 리더십 방식을 매일 1%씩 조정해야 한다. '오늘 팀원에게 했던 말 중 1%만 더 따뜻하게 바꾼다면 무엇일까?' '오늘 내가 내린 결정 중 1%만 더 데이터에 기반했다면 어떤 결과가 나왔을까?' 이런 질문을 습관으로 만들어라.

혁신은 100보의 도약이 아니라, 100명이 내딛는 1보의 합이다

문제는 숨겨야 할 결함이 아니라 개선을 위한 단서다. AI는 당신의 문제를 해결해 주는 도구이지만, 그 문제를 발견하고 개선하려는 의지는 오직 리더와 팀원의 마음속에 있다. 오늘 당신은 팀과 함께 어떤 보물(문제)을 찾아냈는지 생각해 보자.

Part
8

평가는 공정하게, 성장은 집요하게 관리하라

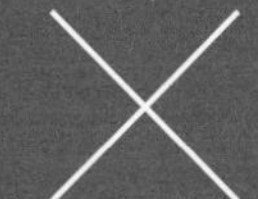

성과관리 리더십

AI 시대 성과관리의 본질 :
평가가 아닌 성장의 여정

지금까지 우리는 리더의 감성, 영향력, 학습능력을 살펴보았다. 이 모든 역량이 집결되어 최종적으로 꽃을 피우는 지점이 바로 '성과관리'다. 하지만 AI 시대의 성과관리는 과거와 다른 방식으로 접근해야 한다. 1년에 한두 번, 이미 지나간 실적을 놓고 점수를 매기는 방식은 이제 무의미하다. AI가 실시간으로 데이터를 분석하고 성과를 추적하는 지금, 리디의 역할은 심판이 아니라 구성원의 잠재력을 끌어내어 성과로 연결하는 코치가 되어야 한다. 성과관리는 이제 결과에 대한 심판이 아니라, 미래를 향한 성장의 여정, 그 자체다.

"왜 평가를 마친 뒤에 팀 분위기가 더 나빠질까요?"

연말 평가 시즌이 지나면 팀원들의 사기가 오르기는커녕, 오히려 의욕이 꺾이고 이직 고민이 늘어나는 현상을 목격하곤 한다. 이는 성과관리가 성장이 아닌 서열 매기기로 전락했기 때문이다.

스탠퍼드대학교 심리학과 캐럴 드웩 교수는 이를 '고정 마인드셋의 부작용'이라고 설명한다. 리더가 구성원의 능력을 고정된 것으로 보고 등급만 매기면, 구성원들은 도전을 피하고 안전한 선택만 하게 된다. AI가 정해진 로직에 따라 효율을 극대화할 때, 인간 리더는 그 효율 너머의 성장 가능성에 주목해야 한다. 등급은 사람을 움직이지 못하지만, 성장에 대한 확신은 사람을 춤추게 한다.

연례 평가의 종말과 피드백의 시차

왜 기존의 성과관리 방식이 AI 시대에는 독이 되는 걸까?

첫째, 과거 지향적 후순위성 때문이다. 연말 평가는 이미 끝난 일에 대한 복기일 뿐이다. 변화 속도가 빠른 AI 시대에는 이미 박물관에 가야 할 데이터로 미래를 논하는 격이다.

둘째, 부정적 편향 때문이다. 인간의 뇌는 평가받는 상황을 위협으로 받아들인다. 이로 인해 리더의 조언은 비난으로 들리고, 창의적 사고는 멈추게 된다.

셋째, 데이터의 파편화 때문이다. 딜로이트 연구에 따르면, 정교한 평가기준을 만드는 데 쓰는 시간의 70%가 실제 성과향상과는 무관한 행정적 소모에 불과하다. 평가하느라 성장을 위한 시간이 없어지는 아이러니가 발생한다.

류 팀장의 '냉정한 채점표'가 '내일을 위한 지도'가 되기까지

소비재 기업 브랜드마케팅팀의 류 팀장은 자타공인 꼼꼼한 리더였다. 그는 연말 평가를 위해 팀원별 데이터를 철저히 분석했고, 논리적인 피드백 메모까지 준비했다.

올해 신규 브랜드 캠페인을 사실상 혼자 담당한 6년 차 강 대리와의 면담에서 그는 차분하게 말했다. "캠페인 실행력은 좋았지만 전략적 사고 부분에서 아쉬움이 있어서 이번엔 B로 결정했어요." 강 대리는 "네, 알겠습니다"라고 했고 면담은 15분 만에 끝났다.

다음 날 아침, 강 대리는 사직서를 냈다. 나중에 동료를 통해 이유가 전해졌다. "피드백이 틀렸다는 게 아니에요. 그런데 1년을 그렇게 달렸는데, 성과가 좋지 않더라도 앞으로 어떻게 성장할 수 있는지에 대한 피드백이 한마디도 없었어요. 그냥 여기서 끝이구나 싶었어요. 내가 앞으로 이분과 계속 일하는 게 맞나 싶더라고요."

류 팀장은 깨달았다. 자신이 준비한 것은 '지나간 일에 대한 채점표'였지, '내일을 위한 지도'가 아니었음을 말이다. 그 일을 계기로 류 팀장은 면담 방식을 바꾸었다. 등급을 말하기 전에 "올해 가장 힘들었던 순간이 언제였어요? 그걸 어떻게 넘겼어요?"라는 질문부터 시작했다. 팀원이 자신의 고군분투를 충분히 설명하게 한 뒤에야 비로소 미래를 향한 피드백을 꺼냈다. 면담 시간은 길어졌지만, 팀원들은 비로소 리더가 자신의 성장을 진심으로 지원하고 있음을 느끼기 시작했다.

'성장 마인드셋' 기반의 성과관리 프레임워크

리더는 성과관리 시스템을 감시의 도구가 아니라 성장의 나침반으로 재설계해야 한다.

1) 과정 중심의 피드백

성과수치KPI도 중요하지만, 그 결과를 만들기 위해 사용한 전략과 노력의 과정에 주목해야 한다. "이번 분기 매출이 10% 올랐습니다"보다 "이번에 AI 도구를 활용해 고객 분석 프로세스를 혁신한 시도가 성과에 결정적이었습니다"라고 구체적으로 피드백할 때 구성원은 더 큰 성장을 꿈꾼다.

2) 리얼타임 성과관리

딜로이트나 어도비 같은 글로벌 기업들은 연례 평가를 폐지하고 체크인 제도를 도입했다. AI를 활용해 성과지표를 실시간으로 공유하되, 리더는 수시로 팀원과 원온원 대화를 통해 장애물을 제거해 준다. 성과관리는 특정 시점의 이벤트가 아니라 일상이 되어야 한다.

3) AI를 통한 공정성과 객관성 확보

리더의 주관적인 편견(후광효과 등)을 방지하기 위해 AI의 분석 데이터를 참고하자. AI는 리더가 미처 발견하지 못한 팀원의 기여도를 객관적으로 보여줄 수 있다. 리더는 이 데이터를 기반으로 따뜻한 통찰을 더해 신뢰받는 평가를 완성한다.

성장의 여정을 설계하는 리더의 3단계 실천

1단계) 평가라는 단어를 성장 대화로 치환하기

팀원들과 면담할 때 단어부터 바꿔라. "오늘 성과평가 면담을 하겠습니다" 대신 "오늘 이 대리님의 성장을 함께 점검하는 대화를 나눠보고 싶습니다"라고 시작해 보자. 단어 하나가 대화의 온도를 바꾼다.

2단계) 피드포워드 습관화하기

과거의 잘못을 지적하는 데 20%만 쓰고, 앞으로의 개선 방향을 논의하는 데 80%를 써라. "지난달에 왜 실패했나요?"가 아니라 "이번 실패에서 얻은 데이터를 다음 달 성과로 연결하려면 우리가 무엇을 다르게 시도해야 할까요?"라고 묻는 것이다. 피드백보다 피드포워드가 더 많아야 한다.

3단계) 성장일지 공동 작성하기

공유 문서를 활용해 팀원과 실시간으로 성과와 배움의 기록을 누적하라. 프로젝트가 끝날 때마다 성과수치 옆에 새롭게 배운 역량 한 가지를 적게 하라. 연말에 그 기록을 보면 단순한 실적보고서가 아니라 한 사람의 위대한 성장스토리가 된다. 주기적으로 원온원을 하면서 지속적으로 피드백과 피드포워드를 진행하면 스스로 성장하고 있다는 것을 느끼게 될 것이다.

최고의 성과관리는 평가가 필요 없는 상태를 만드는 것이다

능력은 개발될 수 있다는 믿음이 성과의 차이를 만든다. AI는 점수를 매길 수 있지만, 사람의 잠재력에 불을 지필 수는 없다. 당신은 팀원의 발목을 잡는 심판인가, 아니면 그들의 날개를 달아주는 코치인가? 오늘 당신은 팀원의 성장을 위해 어떤 질문을 던졌는지 생각해 보자.

02

MBO에서 OKR로 :
목표관리 패러다임의 전환

과거의 성과관리는 연초에 목표를 세우고 연말에 수확량을 확인하는, 일종의 농경사회적 모델이었다. 이를 대표하는 방식이 바로 MBO_{Management by Objectives}다. 하지만 1년 뒤의 시장 상황은커녕 당장 다음 달의 AI 기술 변화도 예측하기 힘든 오늘날, 경직된 목표 설정은 오히려 조직의 유연성을 가로막는 장애물이 된다.

이제 리더에게 필요한 깃은 단순히 숫자를 채우는 할 일 목록_{To-do List}이 아니라, 조직이 나아갈 가슴 벅찬 방향과 이를 증명할 구체적인 지표와 연결하는 OKR_{Objectives and Key Results}의 리듬이다.

"목표는 100% 달성했는데, 회사는 위기입니다"

많은 리더가 경험하는 MBO의 역설이다. 팀원들이 각자 부여받은 KPI Key Performance Indicator를 달성하기 위해 보수적인 목표만 세우거나, 시장이 변했음에도 연초에 세운 목표를 고수하다 정작 조직의 본질적인 성장을 놓치는 경우다.

구글에 OKR를 전파한 존 도어는 "MBO가 종종 '통제와 보상' 중심의 관리도구로 전락하여 구성원들의 도전의식을 꺾는다"고 지적한다. AI 시대의 성과는 관리자의 통제가 아니라 구성원의 자발적인 도전과 정렬Alignment에서 나온다.

MBO가 AI 시대에 삐걱거리는 이유

왜 전통적인 목표관리는 한계에 부딪히는 걸까?

첫째, 경직된 하향식Top-down 구조 때문이다. 위에서 내려온 숫자를 나누어 갖는 방식은 현장의 변화속도를 반영하기 어렵다. AI가 매일 새로운 가능성을 열어줄 때, 연초의 목표는 이미 낡은 지도가 되어 있다.

둘째, 보상과의 과도한 결합 때문이다. 목표 달성 여부가 연봉과 직결되면 구성원은 달성하기 쉬운 목표만 선택하게 된다. 도전이 사라진 조직은 AI 시대의 속도를 따라갈 수 없다.

셋째, 투명성의 부재 때문이다. 옆자리 동료가 무엇을 위해 달리는지 모른 채 각자의 섬에서 일하게 된다. 정렬이 없는 조직에서 개인의 목표 달성은 팀의 실질적인 성과와 무관한 수치가 된다.

진 팀장의 '100% 달성'과 숫자가 숨긴 위기

IT서비스 기업 고객성공팀의 진 팀장은 분기 결산 때마다 의문에 빠졌다. 팀원들의 KPI 달성률은 대부분 100%를 넘겼지만, 팀 전체의 성과는 기대만큼 나오지 않았기 때문이다.

문제는 3분기 리뷰에서 수면 위로 올라왔다. 고객유지 담당 박 과장은 목표수치를 맞추려 고객불만 접수절차를 까다롭게 만들어 건수를 줄였고, 신규계약 담당 이 대리는 실사용률이 낮은 부실 고객사들만 잔뜩 유치한 상태였다. 팀원들은 각자의 '숫자'는 지켰으나, 정작 팀의 '성공'은 갉아먹고 있었다.

진 팀장은 4분기 전략회의에서 지표 대신 질문 하나를 던졌다. "우리 팀이 없어지면 고객은 무엇을 잃게 될까요?" 이 질문을 시작으로 팀원들은 숫자가 아닌, 팀의 존재 이유에 기반한 목표를 스스로 세우기 시작했다. 한 달 뒤 박 과장은 "예전엔 숫자만 채우면 끝이었는데, 이제는 이게 맞는 방향인지 생각하게 돼요"라고 말했다. 진 팀장은 비로소 팀이 하나로 정렬되고 있음을 직감했다.

성장을 가속하는 OKR 시스템

리더는 지시하는 관리자가 아니라, 팀의 원대한 목표를 설정하고 자원을 배분하는 설계자가 되어야 한다.

1) 도전적인 목표Objective : 가슴 뛰는 '왜Why'를 설정하라

존 도어는 목표(O)가 질적이고 공격적이어야 한다고 강조한다. 단순히 '매출 10억 달성'이 아니라 '우리 서비스를 통해 고객의 업무시간을 절반으로 단축한다'와 같이 구성원들이 일의 의미를 느낄 수 있는 목표를 세워야 한다. AI가 효율을 높여줄 때, 리더는 그 효율이 향할 북극성을 제시해야 한다.

2) 핵심결과_{Key Results} : '어떻게_{How}' 달성했는지 숫자로 증명하라

목표(O)가 추상적이라면 핵심결과(KR)는 철저히 정량적이어야 한다. '열심히 홍보하기'가 아니라 '신규 유입고객 5,000명 확보'와 같이 결과가 명확히 측정되어야 한다. AI 도구를 활용해 이 데이터를 실시간으로 트래킹하면 리더와 팀원은 매주 우리가 어디쯤 와 있는지 객관적으로 확인할 수 있다.

3) CFR의 리듬

OKR을 실제로 작동시키는 동력은 리더와 팀원 간의 지속적인 대화_{Conversation,} 즉각적인 피드백_{Feedback}, 그리고 사회적 인정_{Recognition}이다. 분기 단위로 목표를 점검·조정하고, 주간 단위의 대화를 통해 실행을 관리하는 애자일한 리듬이 형성될 때 조직은 변화하는 AI 환경에 기민하게 대응할 수 있다.

실행 과제

우리 팀에 OKR 체질을 이식하는 3단계 행동

1단계) 하지 않아도 될 일 덜어내기

OKR은 선택과 집중의 예술이다. 모든 것을 다 잘하려 하지 마

라. 이번 분기에 우리 팀의 운명을 바꿀 한두 개의 목표_Objective_만 정하고, 나머지는 과감히 후순위로 미루어라. 리더가 안 해도 되는 일을 정해줄 때 팀원들은 진짜 중요한 일에 몰입한다.

2단계) 투명한 대시보드 공유하기

모두가 서로의 목표를 볼 수 있게 하라. 공유 문서나 협업 툴에 리더부터 신입까지의 OKR을 공개하라. 내가 하는 일이 팀 전체의 목표에 어떻게 기여하는지 한눈에 보일 때 정렬의 힘이 생긴다.

3단계) '70% 달성'을 축하하는 문화 만들기

100% 달성만 칭찬하면 아무도 도전하지 않는다. 목표를 70%만 달성했더라도 그 과정에서 새로운 가능성을 발견했다면 그 배움을 높게 평가하라. 실패를 두려워하지 않는 팀만이 AI 시대의 승자가 된다.

Leadership Insight

목표는 달성하기 위해 존재하는 것이 아니라, 우리를 확장하기 위해 존재한다

OKR은 우리를 더 열심히 일하게 만드는 것이 아니라, 더 현명하게 일하게 만드는 것이다. 숫자에 매몰되지 마라. 팀원들이 숫자를 넘어선 위대한 가치를 향해 달리게 만드는 것, 그것이 AI 시대 리더가 OKR을 통해 보여주어야 할 진짜 영향력이다.

03

데이터 기반 성과 대화 : 감정이 아닌 근거로 피드백하기

성과면담 자리에서 리더가 가장 많이 범하는 실수는 "요즘 좀 나태해진 것 같아요"라거나 "의욕이 예전 같지 않아 보이네요"와 같이 주관적인 평가를 던지는 것이다. 이런 감정 섞인 피드백은 팀원의 방어기제를 자극하고 신뢰를 무너뜨린다. AI 시대의 리더십은 직관을 데이터로 증명하는 데서 시작된다. 리더의 말이 권위를 갖는 이유는 직급 때문이 아니라, 누구도 부정할 수 없는 객관적인 근거를 바탕으로 성장의 방향을 제시하기 때문이다. 이제 피드백은 데이터라는 거울을 함께 보며 해법을 찾는 시간이어야 한다.

"열심히 했는데 왜 점수가 낮은지 모르겠어요"

피드백의 가장 큰 적은 해석의 차이다. 리더는 성과가 부족하다고 생각하지만, 팀원은 최선을 다했다고 믿을 때 갈등이 폭발한다. 근거 없는 비판은 인신공격으로 느껴지고, 근거 없는 칭찬은 입에 발린 소리로 전락한다.

품질경영의 아버지라 불리는 에드워즈 데밍은 "데이터가 없다면 우리는 그저 의견을 가진 또 다른 사람일 뿐이다"라고 말했다. AI가 모든 업무 프로세스를 기록하고 수치화하는 시대에 리더가 여전히 느낌에 의존해 성과를 이야기한다면, 구성원들은 리더를 편파적이고 비과학적인 관리자로 낙인찍을 것이다.

피드백을 가로막는 '주관성의 함정'

왜 리더의 피드백은 팀원에게 불편함을 불러올까?

첫째, 후광효과 때문이다. 팀원의 장점 하나가 너무 강렬해서 그와 무관한 다른 부족한 성과까지 긍정적으로 평가하는 오류다. 이는 객관적인 성적표가 아닌 '좋은 사람'이라는 이미지로 평가하게 만든다.

둘째, 최신효과 때문이다. 1년 전체의 성과를 균형 있게 보는 것이 아니라, 면담 직전 몇 주 동안의 인상적인 사건(성공 혹은 실수)에 매몰되어 전체 평가를 결정짓는 경향이다. 성실히 달려온 팀원에게는 가장 허탈함을 안겨주는 요인이다.

셋째, 확증편향 때문이다. 리더가 이미 특정 팀원에 대해 내린 결론(그 친구는 좀 게을러)을 정당화하기 위해, 그 결론에 부합하는 행동 데이터만 선별적으로 수집하고 언급하는 오류다.

황 팀장의 '막연한 인정'과 데이터라는 '객관적 거울'

금융서비스 기업 리테일영업팀의 황 팀장은 평소 소통이 원활하다고 자부하며 별 준비 없이 분기 면담에 임했다. 5년 차 손 대리 차례였다. 황 팀장이 이번 분기 평가 결과를 설명하자 손 대리는 "팀장님, 저 이번에 정말 열심히 했거든요. 야근도 많이 했고, 고객 미팅도 팀에서 제가 제일 많이 나갔는데… 왜 이런 평가인지 이해가 안 됩니다"라며 결국 눈물을 흘렸다.

황 팀장은 설명할 말을 찾지 못했다. 손 대리가 열심히 일한 것은 사실이었지만, 그 노력과 실제 성과 사이의 관계를 보여줄 수 있는 구체적 데이터가 없었기 때문이다.

그 경험 이후 황 팀장은 면담 방식을 바꾸었다. 면담 전 AI로 팀원별 고객 접촉 횟수, 계약전환율, 응대속도, 동료 협업 기여도를 뽑아 한 장으로 정리했다. 효과는 놀라웠다. 리더가 지적하기도 전에 팀원들이 먼저 데이터를 보며 "아, 제 고객 재접촉률이 낮네요. 이 부분이 문제였군요"라며 스스로 원인을 진단했다.

손 대리와의 다음 면담에서도 데이터를 앞에 두고 "미팅 횟수는 팀에서 제일 많았어요. 근데 여기 계약전환율이 유독 낮게 나오는데, 어떻게 생각해요?"라고 이야기하자 손 대리가 잠시 생각하다 말했다. "저도 이상하다고 느꼈어요. 미팅은 많이 나갔는데 성사가 안 됐거든요. 고객 니즈 파악을 제대로 못 한 것 같아요." 황 팀장은 그 말을 듣고 나서야 진짜 면담이 시작됐다고 느꼈다. 평가를 설득하는 자리가 아니라, 함께 원인을 찾는 자리가 된 것이다.

데이터 기반 피드백 프레임워크

리더는 감정을 배제하고 사실에 기반해 대화를 설계해야 한다.

1) SBI 모델에 데이터를 입혀라

SBI 모델Situation-Behavior-Impact Model은 단순한 평가가 아닌 구체적인 정보를 전달한다. 이는 피드백을 구조화하는 대표적 프레임워크로, 사람을 평가하는 것이 아니라 행동과 결과(영향)를 설명하는 것이다.

- 상황Situation : 지난 3분기 AI 도입 프로젝트 당시,
- 행동Behavior : 데이터 전처리 과정에서 오류율이 15% 발생했을 때, 당신이 제안한 알고리즘 수정안이 해당 수치를 개선해 최종 정확도를 5% 향상시켰다.
- 영향Impact : 그 결과, 프로젝트 일정이 단축되었고 팀 전체의 생산성 또한 유의미하게 개선되었다.

이처럼 상황 – 행동 – 영향을 명확한 데이터로 연결하는 순간, 피드백은 추상적 판단이 아니라 객관적 관찰이 된다. 감정적 평가 대신 사실 기반 대화가 이루어질 때 구성원은 방어가 아니라 학습으로 반응한다.

2) AI를 객관적 관찰자로 활용하기

리더 혼자서 모든 팀원의 행동을 관찰할 수는 없다. AI 협업 도구가 제공하는 지표(응답속도, 협업기여도, 목표달성률 추이 등)를 보조

지표로 활용하면 성과 대화가 훨씬 명확해진다. "내 생각에는"이라는 말 대신 "AI 리포트에서 나타난 이 추세를 보면"이라고 대화를 시작함으로써 심리적 마찰을 줄일 수 있다.

3) 숫자 너머의 왜Why를 찾는 대화

데이터는 현상을 보여줄 뿐 원인을 설명하지 못한다. 숫자가 낮게 나왔다면 비난하기보다 "데이터가 이 지점에서 하락하고 있는데, 현장에서 느낀 실제 장애물은 무엇이었나요?"라고 물어라. 데이터는 비난의 근거가 아니라 대화를 시작하는 출발점이어야 한다.

실행 과제

감정을 빼고 신뢰를 더하는 3단계 성과 대화

1단계) 면담 전 '팩트 체크리스트' 작성

면담에서는 기억에 의존하지 마라. 해당 분기의 핵심 KPI 달성 수치, 동료들의 긍정·부정 피드백 데이터, 지난 면담 때 약속했던 개선사항의 이행률을 데이터로 정리해 메모해 두자. 준비된 숫자는 리더를 흔들리지 않게 한다.

2단계) '나' 전달법I-Message과 데이터의 결합

데이터를 무기로 쓰지 말고 리더의 관찰 결과로 전달하라. "김 팀원은 보고서가 항상 늦어"가 아니라 "최근 3번의 프로젝트에서 기한보다 평균 2일 늦게 제출된 데이터를 확인했습니다. 이로 인

해 다음 단계인 검수팀의 일정이 촉박해질까 봐 우려됩니다"라고
사실과 느낌을 분리해 전달하라.

3단계) '데이터 가설' 함께 세우기

피드백의 마무리는 다음 성과를 위한 데이터 설정이어야 한다.
"다음 면담 때는 어떤 수치가 개선되어 있으면 스스로 만족할 수
있을까요? 우리가 함께 트래킹할 지표를 정해 봅시다." 팀원이 직
접 기준을 정할 때 그 숫자는 외부의 압박이 아니라 내부의 약속
이 된다.

Leadership Insight

최고의 피드백은 리더의 입이 아니라 팀원의 눈에서 일어난다
리더가 객관적인 데이터를 제시할 때, 팀원은 비로소 자신의 상태를 정
확히 인식하고 스스로 변화할 동기를 얻는다. 오늘 당신의 피드백은 팀
원에게 상처를 주었는지, 아니면 개선을 위한 동기부여를 주었는지 생
각해 보자.

04

데이터가 정답은 아니다 :
공정한 평가를 위한 데이터 수집법

"팀장님들이 피드백은 잘 주시는데, 막상 객관적인 성과 데이터를 요청하면 '기여도가 높았다' '열심히 했다'는 식의 주관적인 의견만 반복하세요. 데이터가 없으니 결국 평가가 주관적인 감에 의존하게 되고, 직원들은 불신만 커지고 있습니다."

현장에서 만나는 구성원들이 가장 자주 꺼내는 고민 중 하나다. AI가 실시간으로 데이터를 분석하는 시대에, 역설적으로 조직 내 평가에 대한 불신은 줄어들지 않고 있다. 이는 도구가 부족해서가 아니라 '어떤 데이터를, 어떻게, 왜 모으는가'에 대한 리더의 철학과 실행 체계가 빠져 있기 때문이다.

"데이터를 많이 모으면 평가가 공정해질까요?"

데이터 기반 인사관리People Analytics가 리더십의 핵심 트렌드로 자리 잡은 지 오래다. 그러나 여기서 많은 리더들이 착각하는 것이 있다. 데이터를 많이 모을수록 평가가 공정해진다는 믿음이다. 하지만 데이터의 양보다 훨씬 중요한 것은 데이터의 질, 즉 신뢰성Reliability과 타당성Validity이다. 신뢰할 수 없는 데이터로 내린 결정은 팀원들에게 '숫자로 포장된 주관적 평가'라는 인식만 심어줄 뿐이다.

평가가 공정하지 않은 이유

왜 리더의 평가는 공정성을 의심받을까?

첫째, 측정 편의성의 함정 때문이다. 실제 성과에 중요한 역량보다 단순히 '측정하기 쉬운 지표'를 골라 데이터로 삼는다. IT 개발자의 협업 역량을 측정할 때 실질적인 '코드 리뷰 참여율' 대신 뽑기 쉬운 '회의 참석 횟수'를 데이터로 삼는 식이다.

둘째, 데이터 출처의 분산 때문이다. 평가시스템, 근태시스템, 성과관리 툴이 제각각 작동하면서 한 팀원의 데이터가 서로 다른 수치로 존재한다. 리더는 상충하는 데이터 사이에서 어느 것을 믿어야 할지 몰라 결국 '익숙한 느낌'으로 돌아간다.

셋째, 정성 데이터의 방치 때문이다. 1:1 면담 기록이나 360도 피드백, 행동 기반 인터뷰 결과가 어딘가에 쌓여 있지만, 구조화되지 않은 채 흩어져 있다. 정작 평가 시즌이 되면 이 기록들은 활용되지 못하고 망각의 늪에 빠진다.

데이터가 없는 게 아니라 '기준'이 없었던 회의

제조업 계열사 인력개발부의 이 상무는 상반기 평가를 앞두고 팀장들에게 '이번 평가부터는 정성적 의견 외에 객관적인 성과 데이터를 반드시 첨부해 달라'고 공문을 보냈다.

일주일 뒤 돌아온 것은 형식도 다르고 기준도 제각각인 엑셀 파일 세 개였다. A팀장은 팀원별 주간 업무보고 내용을 복사해 붙였다. B팀장은 분기 KPI 달성률 숫자만 나열했는데, 달성 기준이 무엇인지는 어디에도 없었다. C팀장은 교육 이수 내역을 사내 LMS에서 출력해 첨부했다.

데이터는 있었지만 '비교'가 불가능했다. 같은 항목이라도 팀마다 정의가 달랐고, 측정 시점도 달랐다. 결국 이 상무는 평가 조율 회의에서 어느 해와 다름없이 리더들의 언어에 의존해야 했다. "열심히 했습니다.""이 친구 기여도가 높습니다." 달라진 건 그 옆에 엑셀 파일이 하나 붙어 있다는 것뿐이었다. 회의가 끝나고 자리로 돌아온 이 상무는 수첩에 한 줄을 적었다. "데이터가 없는 게 문제가 아니라 같은 언어로 수집되지 않은 게 문제였다."

이듬해 이 상무가 가장 먼저 한 일은 시스템 도입이 아니었다. 팀장들과 함께 앉아 '우리가 평가에서 보고 싶은 행동이 정확히 무엇인가'를 정의하는 기준 수립 워크숍부터 시작했다. 언어가 통일되자 비로소 숫자가 의미를 갖기 시작했다.

공정한 평가를 위한 데이터 설계 3원칙

AI 시대의 리더는 데이터를 '모으는 사람'이 아니라, 데이터를 '신뢰할 수 있게 설계하는 사람'이 되어야 한다.

1) 타당성 설계 : 무엇을, 왜 측정할지 먼저 정의하라

데이터 수집의 첫걸음은 시스템 도입이 아니라 측정 항목의 타당성 검토다. 평가 항목이 실제 직무성과와 조직 목표달성에 기여하는지 먼저 물어야 한다.

정량 데이터는 KPI 달성률, 프로젝트 납기준수율처럼 수치화가 명확한 항목으로 구성한다. 이때 측정시점, 단위, 기준을 반드시 문서화해야 한다. 정성 데이터는 단순한 의견이 아닌 행동 사례를 중심으로 수집해야 한다. 이때 STAR Situation-Task-Action-Result 기법에 따라 기록하는 습관을 들여야 한다. '열심히 했다'가 아니라 '3분기 납기 지연 위기상황에서 외부 협력사와 주 3회 긴급 미팅을 주도하여 2주 지연을 4일로 단축했다'는 기록이 평가의 근거가 된다.

2) 일관성 확보 : 흩어진 데이터를 하나로 통합하라

신뢰할 수 있는 데이터는 산발적으로 존재하지 않는다. 평가시스템, 근태시스템, 성과관리 툴에 분산된 데이터를 하나의 플랫폼으로 통합하여 단일 진실 공급원 Single Source of Truth 을 구축해야 한다.

수작업 입력과정은 최소화하고, 데이터 수집시기를 표준화해야 한다. 목표설정 시점, 중간 피드백 시점, 최종 평가 시점에 리더에게 입력 알림이 자동으로 가는 체계를 갖추는 것이 핵심이다. 엑셀 파일 세 개가 오는 상황은 팀장들의 성의 문제가 아니라, 언제, 무엇을, 어떻게 기록해야 하는지를 리더가 미리 설계하지 않은 구조의 문제다.

3) 신뢰성 확보 : 수집된 데이터를 반드시 검증하라

데이터를 모았다고 끝이 아니다. 먼저 이상치를 점검해야 한다. 누락된 값, 오입력된 값, 특정 리더가 자기 팀원 전체에게 최고점을 몰아주는 경우를 정기적으로 식별하고 수정해야 한다.

다음으로 평가자 간 기준 차이를 확인해야 한다. 같은 성과를 두고 A팀장은 '탁월', B팀장은 '보통'으로 평가한다면, 그 차이는 기준의 차이에서 온다. 평가 시즌 전에 리더들이 함께 동일한 사례를 평가해 보는 캘리브레이션 세션이 반드시 필요한 이유다.

마지막으로 평가 결과의 분포를 정기적으로 들여다봐야 한다. 평가 결과가 특정 연차, 직군, 팀에 지속적으로 불리하게 나타난다면, 그것이 실제 성과의 차이인지 평가 설계의 문제인지 리더 스스로 물어야 한다.

실행 과제

공정한 평가를 위한 리더의 3단계 실천

1단계) 평가 항목의 타당성 검토

현재 평가 항목 중 단 하나만 골라 이 질문을 던져라. "이 항목

은 팀원의 실제 직무성과와 얼마나 직접적으로 연결되는가?" 타
당성이 낮은 항목은 과감히 바꿔야 한다.

2단계) 데이터 출처 단일화

지금 당장 팀원별 성과 데이터가 몇 곳에 나뉘어 있는지 파악하
라. 그리고 흩어진 데이터들을 하나의 기준으로 비교 가능한 형태
(예 : 통합 엑셀 양식이나 대시보드)로 정렬하는 작업부터 시작하라.

3단계) 평가 분포 시각화와 성찰

평가 시즌이 끝난 직후, 자신이 내린 평가점수의 분포를 스스로
시각화해 보라. 특정 팀원에게 유독 높거나 낮은 점수를 줬다면,
그것이 데이터에서 비롯된 것인지 최근의 강렬한 인상에 의존한
것인지 냉정하게 들여다봐야 한다.

Leadership **Insight**

신뢰는 데이터의 투명성에서 나온다

신뢰는 데이터의 양이 아니라 데이터를 다루는 과정의 '투명성'에서 온
다. 팀원이 평가 결과를 납득하는 것과 그냥 수긍하는 것은 다르다. 납득
은 '이 데이터가 어떻게 수집되었고, 어떤 기준으로 해석되었는지'를 이
해할 때 일어난다. 오늘 당신의 평가 데이터는 팀원에게 설명될 수 있는
지 생각해 보자.

05

실시간 피드백과
코칭이 만드는 민첩한 팀

축구 경기에서 감독이 전반전 실수를 종료 직후에만 지적한다면 승리하기 어렵다. 선수들이 뛰고 있는 순간에 즉각적인 신호를 보내 전술을 조정해야 승산이 있다. 리더십도 마찬가지다. AI가 모든 지표를 실시간으로 쏟아내는 시대에, 리더의 피드백이 연말이나 분기 말에 머물러 있다면 그것은 이미 사후검토일 뿐 성과관리라고 보기 어렵다. 성과는 결정적인 순간에 건네는 짧고 강력한 실시간 코칭의 축적으로 만들어진다.

"다 지난 일을 이제 와서 말씀하시면 어떡합니까?"

팀원들이 리더에게 가장 큰 배신감을 느끼는 순간은 반년 전의 실수를 연말평가 자리에서 처음 들었을 때다. "그때 말씀해 주셨으면 바로 고쳤을 텐데요”라는 팀원의 탄식은 리더의 피드백 방관이 만든 비극이다.

하버드 경영대학원 마이클 비어 교수는 “구성원들이 리더에게 솔직한 말을 꺼내지 못하고, 리더 또한 현장의 문제를 제때 다루지 않는 조직적 침묵이 전략 실행을 가로막는 가장 치명적인 적”이라고 지적한다. AI가 실시간으로 오류를 잡아내듯, 리더 또한 성과와 행동의 괴리가 발생하는 즉시 개입해야 한다. 피드백의 시차가 벌어질수록 성과의 구멍은 커진다.

실시간 피드백을 가로막는 ‘회피의 심리’

왜 리더는 실시간 피드백을 주저할까?

첫째, 갈등 회피의 심리 때문이다. 껄끄러운 이야기를 자주 하면 관계가 서먹해질까 봐 두려워한다. 하지만 침묵은 방관이다.

둘째, 시간 부족의 핑계 때문이다. 리더는 피드백을 거창한 면담으로 생각하기 때문에 따로 시간을 내야 가능하다고 생각한다. 하지만 실시간 피드백은 회의실이 아니라 복도에서도 가능하다.

셋째, 과거 집착형 사고 때문이다. 과거에 무엇이 잘못되었는지만 따지다 보니 대화가 생산적이지 못하고 지적으로 끝난다. 방향이 과거에서 미래로 바뀌는 순간 피드백은 코칭이 된다.

강 팀장의 ‘뒤늦은 지적’과 피드백의 치명적인 시차

패션 플랫폼 기업 MD팀의 강 팀장은 팀원들 사이에서 편한 팀장으로 통했다. 웬만한 실수는 허허 웃으며 넘어갔다. 하지만 연말 익명 설문 결과는 충격적이었다. "팀장님이 좋은 분이라는 건 알아요. 그런데 중요한 말씀을 너무 늦게 하세요. 제가 3개월 전에 보고서 방향을 완전히 잘못 잡았을 때 왜 그때 말씀 안 하시고 연말 평가에서 낮은 점수를 주시나요? 너무 당황스럽습니다."

강 팀장은 아차 싶었다. 당시 오 대리가 위축될까 봐 배려하는 마음으로 지적을 참았던 것이 결과적으로는 팀원의 평가를 깎아먹고 성장 기회를 뺏는 결과로 돌아온 것이다. 강 팀장은 오 대리를 불러 사과했다. "그때 바로 말했어야 했는데 내가 미뤘어요. 미안해요. 불편할까 봐 미뤘던 내 생각이 사실은 책임 회피였네요."

그날 이후 강 팀장은 '24시간 이내 피드백' 원칙을 세웠다. "오늘 보고서에서 이 부분이 좀 걸렸어요. 다음엔 이렇게 해보는 건 어떨까요?"라며 짧고 구체적으로 즉시 전달했다. 한 달 뒤, 팀원들은 오히려 "나중에 어떻게 평가받을지 몰라 불안했던 마음이 사라져서 훨씬 편하다"는 반응을 보였다.

미래의 변화와 성장을 위한 피드포워드

리더는 과거를 심판하는 판사가 아니라 미래를 설계하는 코치가 되어야 한다.

1) 과거가 아닌 미래를 말하라 Feedforward

세계적인 리더십 코치 마셜 골드스미스는 '피드백' 대신 '피드포워드'를 강조한다. 이미 일어난 실수에 매몰되지 말고, '다음번 유사한 상황에서 더 잘하기 위해 무엇을 할 수 있을까?'에 집중하는 것이다. 미래에 초점을 맞추면 대화의 방어기제가 사라지고 건설적인 대안이 나온다.

2) 마이크로 피드백의 힘

거창한 회의실 면담은 버려라. 복도에서, 혹은 짧은 메시지로 '방금 미팅에서 그 질문 아주 날카로웠어' '이 리포트의 결론 부분이 명확해서 좋네'와 같이 1분 안에 끝내는 피드백을 수시로 던져라. AI가 실시간 알림으로 우리를 가이드하듯, 리더의 짧은 칭찬과 인정이 팀원의 성장을 도와준다.

3) AI를 통한 피드백 데이터 축적

실시간 피드백이 잔소리로 끝나지 않으려면 기록되어야 한다. AI 도구를 활용해 수시로 나눈 대화의 핵심을 메모해 두면 연말에 방대한 데이터를 뒤지지 않아도 팀원의 성장 궤적을 한눈에 파악할 수 있는 소중한 자산이 된다.

실행 과제

민첩한 팀을 만드는 '실시간 코칭' 3단계

1단계) 긍정 8 : 부정 2의 법칙

실시간 피드백이 잔소리로 들리지 않으려면 평소에 긍정적 피드백이 충분히 쌓여 있어야 한다. 팀원의 사소한 잘한 점을 하루 3번 이상 발견해 즉시 말해 주자. 신뢰 잔고가 두둑해야 교정적인 피드백이 효과를 발휘한다.

2단계) 즉시성의 원칙 지키기

피드백의 유효기간은 24시간이다. 좋은 성과나 개선이 필요한 행동을 발견했다면 퇴근하기 전에 짧게라도 언급하라. "아까 그 대처 너무 좋았어요"라는 한마디가 팀원의 긍정적 행동을 강화한다.

3단계) 질문으로 답을 찾게 하는 코칭 대화

정답을 주지 말고 팀원의 뇌를 깨워라. 문제가 생겼을 때 "왜 그랬어요?"라고 묻는 대신 "우리가 이 상황을 해결하기 위해 지금 당장 할 수 있는 가장 최선의 행동 하나는 무엇일까요?"라고 피드 포워드 질문을 던지자.

Leadership Insight

최고의 피드백은 팀원이 성장할 수 있도록 하기 위해 존재한다

우리는 과거를 바꿀 수 없지만, 미래는 바꿀 수 있다. AI는 실수를 기록할 수 있지만, 팀원의 다음 행동을 응원하고 성장의 방향을 열어주는 것은 리더만이 할 수 있다. 팀원들이 리더와의 대화를 두려워하지 않고, 오히려 자신의 속도를 높여줄 부스트로 느끼게 해야 한다. 오늘 당신은 팀원의 미래를 위해 어떤 신호를 보냈는지 생각해 보자.

06

성과관리의 완성 :
결과보다 성장 스토리를 남기는 리더

Part 1부터 지금까지 우리는 리더십의 수많은 기술을 살펴보았다. 그러나 이 모든 여정이 끝난 뒤, 팀원이 당신 곁을 떠나거나 새로운 도전을 시작할 때 그들의 손에 무엇이 들려 있어야 할까? 연말에 받았던 'S'나 'A' 등급의 평가표일까, 아니면 이 조직에서 내가 얼마나 더 단단한 존재로 성장했는지에 대한 자부심일까?

진정한 성과관리의 완성은 엑셀 시트의 숫자를 채우는 것이 아니라, 한 사람의 커리어에 잊지 못할 성장 스토리를 남겨주는 것이다. 리더는 결과의 관리자가 아니라, 팀원이라는 원석을 다듬어 보석으로 만드는 스토리텔러가 되어야 한다.

"성과는 냈는데, 사람은 잃었습니다"

단기적인 성과에만 매몰된 리더들이 흔히 겪는 비극이다. 숫자는 달성했지만 팀원들은 지쳤고, 그 과정에서 배움이나 보람을 찾지 못한 인재들은 결국 조직을 떠난다. 리더가 성과를 취득해야 할 전리품으로만 여길 때, 구성원은 소모품으로 전락한다.

하버드 경영대학원 테레사 아마빌레 교수는 "직장생활에서 인간을 가장 몰입하게 만드는 것은 거창한 보상이 아니라 매일 조금씩 성장하고 있다는 감각"이라고 말한다. AI가 성과의 결과값을 순식간에 계산해 주는 시대에, 리더가 여전히 숫자라는 결과에만 집착한다면 팀원들은 자신의 존재가치를 위협받는다. 리더는 결과 너머의 성장 과정을 증명해 주는 사람이 되어야 한다.

성과를 '점_{Point}**'으로 보는 리더의 한계**

결과만 강조하는 리더십은 왜 인재를 머물게 하지 못할까?

첫째, 결과 지향적 편향 때문이다. 과정에서 일어난 무수한 시행착오와 그 속에서 얻은 학습의 가치를 무시하고, 오직 최종 숫자로만 모든 것을 판단한다. 성장의 여정이 지워진 목적지는 의미가 없다.

둘째, 서사의 부재 때문이다. 업무를 단순히 처리해야 할 '과업'으로만 부여할 뿐, 이 일이 팀원의 장기적인 커리어 로드맵에서 어떤 의미를 갖는지 설명하지 못한다. 의미 없는 일을 오래 잘하는 사람은 없다.

셋째, 단기적 보상 의존 때문이다. 성장을 돕는 대신 인센티브라는 사탕으로 일시적인 동기부여를 하려 한다. 사탕은 달지만 배를 채우지 못한다.

윤 팀장의 '집요한 질문'과 3년 뒤 찾아온 커리어의 자산

반도체 소재 기업 R&D기획팀의 윤 팀장은 어느 날 3년 전 이직한 박 대리로부터 메시지 한 통을 받았다.

"팀장님, 잘 지내시죠? 요즘 새 회사에서 AI 분석 프로젝트 리드를 맡게 됐어요. 준비하다 보니 팀장님 생각이 나서요. 팀장님이 제 보고서마다 이 숫자가 어떤 고객의 결정을 바꿨는지를 꼭 물어보셨잖아요. 솔직히 처음엔 그게 좀 귀찮았거든요. 그런데 지금 와서 보니 그 질문 덕분에 숫자 너머를 보는 법을 배운 것 같아요. 지금 하는 일에 그게 제일 많이 쓰이고 있어요. 감사했습니다."

윤 팀장은 미소 지었다. 당시 박 대리는 숫자를 숫자로만 다루는 습관이 있었다. 전환율이 올랐다는 팩트만 나열할 뿐, '왜' 올랐고 그것이 '누구'에게 어떤 가치를 주었는지는 빠져 있었다. 윤 팀장은 끈질기게 질문을 던졌고, 박 대리는 스스로 질문에 답하며 데이터의 의미를 해석하는 전문가로 성장했다. 리더의 집요한 질문 하나가 한 인재의 커리어를 지탱하는 든든한 뿌리가 된 것이다.

윤 팀장은 짧게 답장을 보냈다. "잘 해냈네요. 그건 박 대리가 스스로 만든 결과입니다." 성과관리는 당장의 실적을 내는 기술이 아니라, 한 사람의 내면에 '전문가로서의 태도'를 심어주는 고귀한 작업임을 증명해 주는 순간이었다.

성장을 서사로 바꾸는 '의미의 리더십'

리더는 팀원의 성과 데이터를 모아 하나의 성장 드라마로 엮어 주어야 한다.

1) 의미를 부여하는 스토리텔링

사람은 자신의 일이 누군가에게 어떤 긍정적 영향을 주었는지 인지할 때 성과가 폭발한다. 리더는 AI가 분석한 수치를 팀원에게 전달할 때, 그 수치가 고객의 삶을 어떻게 바꿨고 팀원의 전문성을 어떻게 증명했는지 서사를 입혀주어야 한다. "당신이 분석한 이 데이터 덕분에 고객이 이런 미소를 지었습니다"라는 말 한마디가 최고의 성과관리다.

2) 작은 승리의 기록과 축하

리더는 팀원이 매일 겪는 작은 승리를 포착해야 한다. AI는 결과지표를 트래킹하지만, 리더는 팀원의 태도적 진보를 트래킹해야 한다. "지난달보다 보고서의 논리가 훨씬 정교해졌네요" "이제 AI 활용능력이 팀 내 최고 수준입니다"와 같은 구체적인 성장의 기록이 성과관리의 본질이다.

3) AI를 통한 커리어 자산화

AI를 활용해 팀원의 활동이력과 성취를 커리어 포트폴리오 형태로 정리해 두자. 단순히 평가등급이 기록된 인사 파일이 아니라,

이 팀원이 어떤 난관을 극복했고 어떤 역량을 새롭게 장착했는지 보여주는 성장 리포트를 함께 만드는 것이다.

결과보다 성장을 남기는 리더의 3단계 마침표

1단계) 성과 대신 성장을 묻는 질문

면담의 마지막 질문을 바꾸어라. "이번 분기에 목표를 달성했나요?" 대신 "이번 프로젝트를 통해 스스로에 대해 새롭게 발견한 강점은 무엇인가요?" "다음 프로젝트에선 어떤 사람이 되고 싶나요?"라고 물어라. 질문이 바뀌어야 성장이 시작된다.

2단계) 성장 서술형 피드백 작성

등급 칸 옆의 비고란을 팀원의 성장 서사로 채워라. '성실함, 목표 달성' 같은 단어 나열이 아니라 '초기 데이터 부족이라는 난관을 AI 시뮬레이션으로 극복하며 전략적 사고력을 증명함. 이 과정에서 팀 내 AI 협업 표준을 수립하는 리더십을 발휘함'과 같이 구체적인 스토리를 적어 주어라.

3단계) 성장 자산 이양하기

팀원이 다른 부서로 가거나 이직할 때, 그가 남긴 성과보다 그가 얻은 역량을 축복해 줘라. 그동안의 성장 기록을 담은 편지나 리포트를 전달하며, 그가 우리 팀에서 보낸 시간이 단순한 노동이 아니라 자산이었음을 확인시켜 주는 것이다. 그런 리더 밑에서 자란 인재는 어디서든 당신의 가장 강력한 우군이 된다.

성과는 조직의 것이지만, 성장은 팀원의 것이다

진정한 리더는 다른 사람의 성공을 돕는 기버Giver가 될 때 가장 큰 영향력을 발휘한다. 숫자는 시간이 지나면 잊히지만, 당신이 팀원의 가슴에 새겨준 성장 스토리는 평생을 간다. 오늘 당신은 팀원의 엑셀 칸을 채웠는지, 아니면 그들의 커리어에 영광스러운 한 페이지를 써주었는지 생각해 보자.

당신은
이미 충분한 리더입니다

이 책의 마지막 페이지에 다다른 당신에게, 먼저 한 말씀을 드리고 싶습니다.

"이 책을 집어 든 것 자체가, 이미 훌륭한 리더십의 증거입니다."

바쁜 일정 속에서 스스로를 돌아보고, 팀원들과의 관계를 더 깊이 고민하며, 더 나은 리더가 되려는 그 의지가 바로 이 책이 이야기하고자 하는 리더십의 출발점이기 때문입니다.

쳇바퀴를 멈추고 나서 보이는 것들

Part 1의 첫 장에서 등장했던 '카페인에 취한 다람쥐'를 기억하시나요? 쳇바퀴를 누구보다 빨리 돌리지만, 정작 어디로 가는지 모르는 리더의 모습이었습니다.

이 책은 그 쳇바퀴를 잠시 멈추고, 당신이 서 있는 자리를 돌아보는 여정이었습니다. 비전이란 무엇인지, 디지털 시대에 리더에게 진짜 필요한 능력은 무엇인지, 그리고 챗봇이 아무리 정교해져도 결코 대신할 수 없는 인간 리더만의 고유한 가치가 무엇인지를 함께 탐구했습니다.

이 여정을 통해 당신이 발견했으면 하는 것이 있습니다. 'AI가 아무리 발전해도 사람의 마음을 읽고, 의미를 만들어 주고, 함께 성장하는 리더십의 본질은 변하지 않는다'는 사실입니다. 이것은 결코 알고리즘이 계산할 수 없는 영역입니다.

AI 시대의 리더에게 가장 필요한 한 가지

이 책 전체를 관통하는 하나의 핵심 단어를 꼽으라면 저는 주저 없이 '용기'라고 말하고 싶습니다. '비전을 선포하는 용기' '자신의 약점을 팀원 앞에 드러내는 용기' '팀원의 불편한 피드백을 끝까지 듣는 용기' '완벽한 계획 대신 70%의 확신으로 먼저 실행하는 용기' 그리고 '나는 아직도 배우는 중입니다라고 말할 수 있는 용기'.

AI는 데이터를 분석하지만 용기를 갖지는 못합니다. 전략을 세우지만 관계를 만들지는 못합니다. 답을 내놓지만 의미를 부여하지는 못합니다. 그 용기와 관계와 의미 부여, 그것이 바로 AI 시대에 리더가 존재해야 하는 이유입니다.

이 책에 등장하는 수많은 팀장님, 본부장님, 그리고 이름 없이 각자의 현장에서 팀을 지키는 모든 리더분들께 이 책을 바칩니다.

퇴근 후 홀로 남아 팀원들의 면담 메모를 다시 읽으며 고민하는 리더, 회의실에서 팀원의 말을 끊지 않으려 마음속으로 60까지 세는 리더, AI가 만든 기획안을 보며 자신의 경험을 어떻게 녹여낼지 고심하는 리더 …. 그 작고 진지한 노력들이 결코 헛되지 않음을 이 책이 조금이나마 증명해 줄 수 있기를 바랍니다.

리더십은 목적지가 아닙니다. 그것은 오늘도, 내일도 계속되는 여정입니다. 그리고 그 여정 위에서 당신은 생각보다 훨씬 단단하고 훨씬 인간적인 리더로 성장하고 있습니다.

마지막으로, 이 책에서 단 하나의 실천만 가져가신다면, 오늘 당신 곁의 팀원에게 이 질문을 건네보시기 바랍니다.

"요즘 어때요? 진짜로."

이 질문 하나가 당신의 리더십을 바꾸는 시작점이 될 것입니다.

소통과 공감

유경철

AI 전환시대, 리더가 갖춰야 할 8가지 핵심역량

AI × 리더십의 본질

초판 1쇄 인쇄 2026년 4월 20일
초판 1쇄 발행 2026년 4월 30일

지은이 유경철
펴낸이 백광옥
펴낸곳 ㈜천그루숲
등 록 2016년 8월 24일 제2016-000049호

주소 (06990) 서울시 동작구 동작대로29길 119
전화 0507-1300-7438 팩스 050-4022-0784 카카오톡 천그루숲
이메일 ilove784@gmail.com

기획/마케팅 백지수
인쇄 예림인쇄 제책 예림바인딩

ISBN 979-11-93000-98-4 (13320) 종이책
ISBN 979-11-93000-99-1 (15320) 전자책

저작권자 ⓒ 유경철 2026